敦煌石窟艺术简史

A Brief History of
Dunhuang Grottoes Art

赵声良/著

中国青年出版社

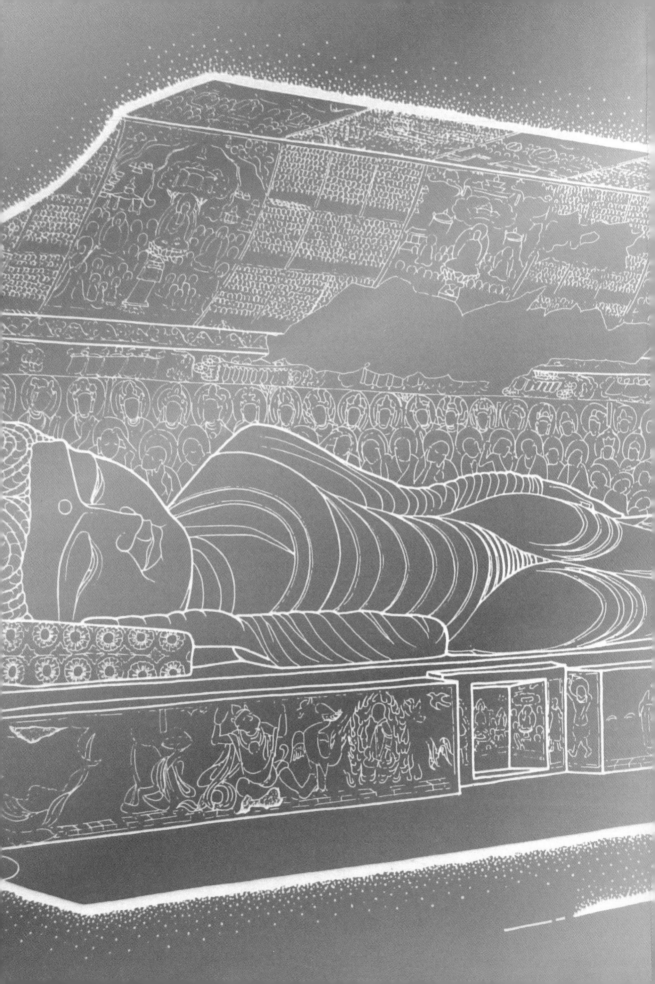

目　录

第一章　绪论

第二章　十六国北朝的敦煌
　　　　石窟艺术

第三章　隋代石窟艺术

第四章　唐代前期石窟艺术

第五章　唐代后期石窟艺术

第六章　五代宋西夏元代石窟艺术

序

樊锦诗

习近平总书记说过："文明因交流而多彩，文明因互鉴而丰富。"闻名中外的敦煌艺术，既是丝绸之路中外文化艺术交流融汇的结晶和载体，又是丝绸之路中外文化艺术交融取得成就的记录，可以说是中华文明的一个代表。

敦煌石窟艺术以中国汉晋悠久文化传统为根基，吸纳印度等外来文化艺术营养，中外文化经过不断交融，导致了隋唐佛教艺术的创新、繁荣和发展。绵延1000年的敦煌石窟常建常新，不断产生新的题材内容、新的艺术形式，创造出了与印度佛教艺术和佛教理论不同，而富有中国民族精神和民族气派的佛教艺术和佛教思想。

敦煌石窟是建筑、雕塑与壁画结合的综合艺术。作为建筑艺术，北朝中心塔柱窟虽受到印度支提窟的影响，但改变了原来印度覆钵式圆形塔的形式，成为方形楼阁式的塔形，窟顶改变了印度圆拱顶的形式，成为两面斜坡的人字披形式，体现了中国传统建筑的精神。隋唐以后敦煌石窟流行覆斗顶方形窟、佛坛窟，这是以中国传统的斗帐形式和殿堂形式对佛教石窟的改造。

经过北朝和隋代对具有浓厚印度和西域样式雕塑的消化吸收，及与中国本土塑像艺术的长期融合过程，到了唐代，彩塑艺术逐渐创造出了富有中国审美精神，动态、神韵具有民族化特征的经典性传世之作。

壁画中表现最多的是佛教人物，北朝人物画多模仿外来佛教艺术人物画的形式和技法，隋唐人物画吸取了外来艺术中人物造型准确、比例适度、凹凸法晕染的长处，同时与中国讲究线描和神韵的传统绘画技法相结合，创造出新的佛教人物形像，丰富和提高了佛教人物画的表现力，成为能充分表现中国审美、中国神韵的美轮美奂的佛教人物。

进入隋唐，中国的佛教绘画艺术发展到了高度成熟的时期。在长安、洛阳首先创造出了具有中国本土特色的佛教经变画。由丝绸之路传到敦煌后，成为敦煌石窟唐代及以后各时代长期盛行不衰的绘画样式。经变画是中国艺术家创造的具有中国风格、中国气派的佛教艺术，敦煌石窟共有三十多类经变画，如弥勒经变、阿弥陀经变、法华经变、维摩诘经变、华严经变等等，它们形式多样，各骋奇思妙想，表现了当时人们想象的佛国世界。经变画将已高度成熟的中国传统人物画、山水画、宫观台阁的建筑画、花鸟树木风景画，以及采撷现实生活中各种美好的风情元素，运用中国式的空间构成法，形象地表现了佛经描绘的理想佛国世界的宏伟壮丽、气象万千的意境，展现了大唐的恢宏气象。隋唐敦煌石窟的经变画来源于两京长安、洛阳和中原地区。今天，唐代两京和中原的佛教寺庙及其壁画已不复存在，敦煌石窟保存大量精美的隋唐经变画真迹，可以使我们了解当时的著名画家阎立本、吴道子、李思训、张萱、周昉等画家的风格特点。

敦煌石窟艺术从4世纪到14世纪持续不断的营建，留下了四万五千多平方米的壁画和两千多身彩塑，是中国美术史上极其重要的财富。早在七十多年前，画家常书鸿从法国回国之后，看到了敦煌艺术的重要价值，来到沙漠中的敦煌，在极其艰苦的条件下创办了国立敦煌艺术研究所。其后经过几代人艰苦卓绝的奋斗，发展为今天的敦煌研究院，并在石窟保护和研究方面取得了一系列重要成果。常书鸿、段文杰、史苇湘先生等前辈在临摹壁画的基础上，对敦煌艺术展开了深入研究，分析其风格特点，探讨其在中国美术史上的价值和意义。从上个世纪40年代以来，通过敦煌研究院的常书鸿、段文杰、史苇湘等先生，以及北京等地的学者向达、宿白、金维诺等先生，从历史、考古、艺术等多方面展开研究，敦煌艺术的内涵逐渐为世人所了解，敦煌艺术在中国美术史上的重要意义逐渐为世人所公认。

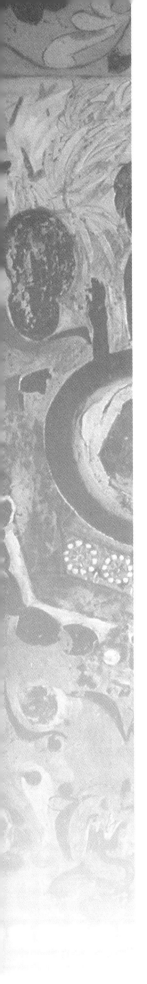

赵声良有志于研究敦煌艺术，于 1984 年从北京师范大学毕业后，来到敦煌参加工作，开始了敦煌艺术的研究事业。1998-2003 年他又自费在日本刻苦攻读硕士和博士学位，终于取得了美术史学的博士学位。他深刻认识到敦煌艺术研究在学术上的重要意义，放弃了到大城市的大学当教授的机会，毅然回到敦煌从事研究。

赵声良回国后就开始了对敦煌石窟艺术史的系统研究，他用了五年时间完成了敦煌石窟美术史（十六国北朝时期）的研究，于 2014 年出版了《敦煌石窟美术史（十六国北朝）》，现在又开始了对隋朝石窟美术史的研究。这两项工作分别得到了国家社科基金的立项。按这项计划，敦煌石窟美术史全部分为五个阶段，是一项历时较长又十分艰巨的工程。这本《敦煌石窟艺术简史》则是以简要的形式来展现作者对敦煌石窟艺术史的宏观思考。

赵声良对敦煌石窟艺术的研究已有三十多年，长期的调查与思考，使他对敦煌石窟艺术有较深的了解，同时，由于他有较长时间在国外学习，近年又不断到英、法、美、俄、印度等国家进行学术交流与考察，特别是两次到印度佛教遗迹的实地考察，加深了对印度佛教艺术的认识，积累了大量的资料，使他的研究能从印度佛教艺术的源头出发来考察佛教艺术的发展演变。比起从前的敦煌艺术研究，他的研究具有视野开阔，注重中外艺术风格、样式的分析比较，与中国美术史上相关画家的比较研究等特点。本书展示了敦煌石窟艺术发展的大体轮廓与脉络，在一定程度上反映了作者对敦煌艺术史研究的新思考与新方法，也可预见作者对敦煌艺术史研究的宏大构想。祝愿作者对敦煌石窟艺术史的全面研究能够循序渐进，取得最终成果。

2015 年 6 月 30 日

前　言

　　敦煌位于中国西北甘肃省西部。公元前111年，汉武帝设立河西四郡，包括武威、张掖、酒泉、敦煌，敦煌位于最西端，是西汉帝国的西部门户，随着古丝绸之路的繁荣，敦煌成为中西文化交流的重镇。佛教传入中国后，在各地建立了寺院与石窟。敦煌因地接西域，受到佛教的影响极其深厚，自东晋以后佛教发达，高僧辈出。著名高僧竺法护被誉为"敦煌菩萨"，他的弟子竺法乘也长期在敦煌进行佛经翻译，此外见于《高僧传》的还有敦煌人于法兰、于道邃等。罽宾僧人昙摩蜜多也曾自龟兹来到敦煌，修建寺院，传播佛教。北魏时，敦煌人宋云与慧生等僧众一道去西域取经。

　　敦煌浓厚的佛教氛围，造就了佛教石窟的兴盛。敦煌石窟始建于前秦建元二年（公元366年），此后经历一千多年，历朝历代都有开凿，形成了一处规模宏大的石窟群。至今，莫高窟还保存着700多个洞窟，其中有2000多身彩塑，45000多平方米的壁画。如此数量众多、规模宏大、延续时代久远而自成体系的文化遗产，在世界上也是少有的。从美术史方面看，敦煌石窟反映了一千多年间美术的发展及演变，尤其是唐代和唐以前的美术遗存十分稀少，而敦煌石窟却保存了系统而丰富的建筑、雕塑、壁画，成为了我们认识和研究这一阶段美术史不可多得的资料。

　　越来越多的学者们认识到敦煌石窟在中国美术史上的地位，从敦煌美术可以帮助人们认识到中国古代美术发展的一个重要方面，即除了那些著名画家作品之外，还存在大量的无名画工所绘却是无比辉煌

的艺术。而这一个美术系统又是传统美术史著作中未加以记载，或不太重视的部分。

中国美术史的学习和研究，存在两个问题：

其一，当我们讲到历朝历代的著名画家作品时，却往往难以看到真迹。因为中国古代名画大多藏于台北故宫，此外还有相当多的作品流落于国外，国内各地博物馆的收藏虽说数量也不算少，但经典名作相对来说就不多了。而与之相关的还有一个问题，就是在各地博物馆收藏的不少名家的作品，往往存在着真品与摹本的争议。比如现存的大多数传为唐、五代、宋的作品，可能有相当多的是后来临摹的，并非原作。

其二：传统的中国美术史是以历代名家作品为中心来讲的。随着中国考古研究的发展，大量的地下出土文物，扩展了美术史的范围，美术史研究不再局限于名家作品，而要兼顾各时代无名艺术家之作，从原始社会的彩陶，商周时代的青铜器，汉代的画像砖、画像石，南北朝隋唐以来的佛教雕刻与壁画等等内容，自然进入了美术史研究者的视野。然而，如何把这两个体系的美术传统融合在一起进行有效的研究，却仍然没有成熟的方法论。因此，很多学者借鉴考古学、人类文化学等等方面来研究美术史。这固然对传统意义上的美术史研究是一个冲击。但考古学、历史学或人类文化学是不能代替美术史的。美术史是研究人类的艺术创作、艺术审美，进而从审美意识方面来探讨人类文明进程的，离开了审美思维，离开了艺术表现的个性（包括表现技巧等），美术就无从谈起。

尽管"美术"这个概念在现代社会中存在很多争议，但美术是指造型艺术，包括建筑、雕塑、绘画、工艺等项目，这一点还是世所公认的。那么，美术史就是这一系列造型艺术发展的历史，从作品延伸开来——创作者（画家、雕塑家等）、作品的材料与制作方法、作品所表现的内涵、作品的时代等等方面，都是美术史需要探讨的问题。

如前所述，中国美术史由于作品存在诸多问题，研究方法也较为

局限。而敦煌石窟经历一千多年的发展历史,现存各时期作品其真实性不容怀疑,作品的相对完整性和时代的系统性,使它在美术史研究中显示出十分独特的优势。它已构成了一部相对完整的美术史体系。写出一部敦煌石窟美术史,不仅可以总结出 4-14 世纪敦煌佛教美术发展的历史,而且通过敦煌美术史的研究,从内容上可以极大地补充中国美术史,从研究方法上可以为中国美术史研究提供重要参考。

　　笔者从 2004 年开始进行敦煌石窟美术史的研究,考虑到敦煌石窟的体系庞大,需要按时代分阶段进行,因此先以数年时间完成了《敦煌石窟美术史(十六国北朝卷)》(本书已于 2014 年由高等教育出版社出版),接着进行隋代卷的研究工作。这两项研究分别获得国家社科基金项目的支持。通过对十六国北朝至隋朝石窟美术史的研究,也积累了一些美术史研究的认识。考虑到要完成全部敦煌石窟美术史的研究工作仍需要较长的时间,为了满足广大读者,尤其是广大青年读者的需要,先将敦煌美术史作一梳理,写一本简史,使大家先了解敦煌石窟艺术发展的大体面貌,并对各时期美术的特点有一个基本的认识。本书可以说就是这样一个纲要性质的书,它还存在一些缺陷,有的地方在将来深入研究之后,可能会有所修改和订正。欢迎广大读者提出批评和建议。

第一章　绪论

佛教是从印度经中亚而传到中国的，佛教艺术同样源于印度。可以说，佛教的繁荣，创造了中国各地的寺院及石窟艺术。当然，在佛教传入中国之初，以儒家文化为主导的汉民族地区对外来的佛教思想经历了从抵制、斗争到渗透、融合的一个发展过程，这个过程的完成，也标志着佛教的中国化，佛教成为了中国式的佛教，与印度本来的佛教有别。而佛教艺术也同样，经过与中国传统艺术的相互吸收、融化，最终形成了中国式的佛教艺术，也与印度佛教艺术不同。当然，这个过程并非一蹴而就，而是一个渐变的过程，从敦煌石窟创建的北凉时代，经过北魏、西魏、北周几个朝代，外来艺术风格在逐渐减弱，中

原风格逐渐增强。而不同文化的发展与融合，并不是如西风压倒东风那样非此即彼，而是在长期共存的发展历史中，不断地相互交流和吸收，从而不断地融合。中国文化则因为有了外来佛教文化的冲击而变得更加广博，与佛教传来之前的传统文化也有很大的不同。中国艺术的发展也是这样，随着佛教的传入，因佛教需要而营造的寺院、石窟（包括其中的雕塑、壁画等等），最初大体是按照外来的样式营造的，但由于中国自身传统文化的力量，总在按中国人的审美理念来改变外来的艺术样式，最终形成了中国式的佛教艺术。由于中国地方广大，南北东西各地的文化也有一定的差异性，同样源自印度的佛教艺术，

在各地也形成了不同的特色。在魏晋南北朝,各地政治割据的情况下,佛教艺术的地方差异较大。敦煌自然由于地理位置的特殊性,形成自身的一些特点。隋唐时代持续的大一统形势,使全国的文化趋向一致,此时的敦煌文化几乎与长安、洛阳等地的文化一致。敦煌艺术风格也代表了当时长安一带流行的风格。

石窟这一独特的艺术是随着佛教从印度传入中国的,佛教注重修行,古代印度的佛教徒在远离城市的山中凿建石窟,用来修行和礼拜。建于城市中的寺院与远离城市的石窟,是佛教进行宗教活动的两个方面,相辅相成。于是,石窟这种独特的文化载体也作为佛教理念的一个重要部分传入中国,并在各地兴建起来。尽管中国的地理环境、气候环境与印度有很大的差异,但在佛教传入中国之后,石窟便开始营建,并持续了一千多年,留下了大量的石窟文化遗迹,成为中国传统文化艺术的重要遗产。要认识和研究石窟艺术,就必须了解石窟艺术的源头——印度的佛教文化。

第一节 石窟艺术：从印度到中国

一、印度早期的佛教艺术

印度早期的佛教艺术，主要体现在佛塔上。原始佛教是反对偶像崇拜的，但为了表现对佛的礼拜，就以塔来代表佛，佛塔是收藏佛舍利（遗骨）的地方，也就是佛的象征。据说印度在阿育王时代造了84000座佛塔。历史上是否真的有过这么多塔，现在不得而知，但阿育王崇信佛教，确实是有过大规模的造塔活动，至今印度还有一些地方保存着阿育王时代的碑铭，记录着阿育王的战功以及他对佛教的崇拜。

关于佛塔的意义，牵涉到古代印度人的世界观和生命观，前人已有很多研究，此不赘述。从艺术形式上来看，佛塔有很多种类型，规模也有大有小。规模较大的，往往跟寺院连在一起，便于僧俗礼拜。山奇大塔和巴尔胡特大塔、阿玛拉瓦提大塔都是属于这种大规模的塔。

1-1 山奇大塔

山奇（Sanchi，亦译作：桑志、桑奇）位于印度中央邦的波帕尔市附近。山奇佛塔现存的主要有三座：1号塔是最大的一座塔，大约建于公元前2世纪至前1世纪，最初的塔较小，后来在塔外又包了一层，把塔加大，并修了雕刻华丽的塔门（图1-1）。现存塔身的直径达36.6米，中央覆钵顶高16.5米，地面栏高度为3.2米，四座塔门的高度为10.7米。塔门横梁宽6米。塔顶部相轮最大的直径为1.7米。在1号塔东北角的一座小塔是3号塔，塔身直径为15米，塔身总高为10.8米，只有一座塔门。2号塔离得较远，在大塔西边约320米，塔身的造型较简朴，只

1-2 巴尔胡特大塔塔门（复原）

有一个小型圆冢，和环绕一周的围栏，四边有塔门。现存塔身直径为 14.3 米，高为 8.8 米。2 号塔曾出土石舍利函，上面刻有阿育王时代十个高僧的名字，所以，推测时代为公元前 2 世纪末。三座佛塔中都曾发现舍利和其他遗物。3 号塔的舍利，据说是佛弟子舍利弗和目犍连的舍利，推测是阿育王时代把这些舍利分往各处，在山奇便创建了佛塔。经考古学家的研究，这三座塔分别象征着佛、法、僧"三宝"。山奇大塔的雕刻，主要表现在四座塔门上，而不论是两侧的石柱还是横梁上都布满了密密麻麻的雕刻。雕刻的主要内容是关于佛传故事或礼佛的场面，雕刻中华丽的楼台及雄伟的列柱，显示出古代印度发达的建筑艺术。各式各样的人物似乎在展示着古代印度社会的各阶层。与人群雕刻在一起的还有大象、牛、马、鹿等动物以及芒果、菩提、香蕉、莲花等植物。

巴尔胡特大塔（Bharhut）佛塔原址在今印度中央邦萨特纳（Satna）县以南约 15 公里的巴尔胡特村。佛塔约建于公元前 150 – 前 100 年的巽伽王朝。塔的覆钵体早已崩坏，只剩下断墙残垣，在加尔各答印度博物馆复原保存塔门及围栏（图 1-2）。围栏上满是浮雕的佛经故事、装饰图案及药叉等形象。还有一些雕刻流散出去，散见于各地博物馆。从巴尔胡特雕刻来看，这一时期还没有出现佛陀的形象，凡是佛传或故事中需要出现佛陀，都以佛塔、菩提树或者佛座来表示。有一些佛教故事的表现方法，往往在后来的佛教艺术中得到继承和发展，如鹿王本生等故事浮雕、太阳神苏利耶等。

阿玛拉瓦提（Amaravati）位于印度克里希纳河下游南岸，今安得拉邦贡土尔（Guntur）县城附近，早在孔雀王朝时代，这里的佛教就相当发达，在 2-3 世纪，这里属于印度安达罗朝时代，大乘佛教大师龙树曾在这里创立了中观学派。在阿玛拉瓦提以及附近的纳加尔朱纳康达（Nagarjunakonda）都发现了大型佛塔遗迹，被认为是在龙树的指导下建立的。阿玛拉瓦提雕刻也成为了最具有印度本土风格的艺术。阿玛拉瓦提雕刻艺术是与马图拉、犍陀罗鼎足而三的印度艺术流派。阿玛拉瓦提大塔始建于公元前 2 世纪，在公元 2 世纪时，曾大规模扩建和增修。大塔的直径约 50 米，上面是半球形的覆钵，高达 30 米，在基坛的东西南北四门各自延伸出一个长方形的露台，每座方形的露台上耸立着五根并排的石柱，作为入口。这是南印度佛塔不同于其他地方佛塔之处。阿玛拉瓦提大塔现已不存，佛塔上的雕刻大部分收藏于印度的马德拉斯政府博物馆和英国的不列颠博物馆。阿玛拉瓦提大塔的浮雕大部分内容是有关礼拜佛塔、菩提树、法轮等内容，还有很多佛传故事，后来也出现了佛像。

二、印度古代的石窟

印度早期石窟主要有两种，一种是毗诃罗窟（Vihara），也就是僧房窟：一种是主要用于礼拜的支提窟（Caitya），也称塔庙窟、塔堂窟。僧房窟是供僧人们日常生活和修行用的。通常主室有一个很大的大厅，在大厅的正面和两侧面各开出一些小室，僧人们在这些小室中坐禅修行和起居生活，中厅是举行佛事活动的场所。支提窟通常平面为马蹄形，窟室的后部呈半圆形，中央设佛塔，礼拜者绕塔巡礼。僧房窟与支提窟并不是截然分开的，往往有一个支提窟，必然要有相应的僧房窟，而僧房窟所在之处，还应该有水源，以便于生活。

在古印度，不仅仅是佛教开凿石窟，耆那教、印度教等宗教都有开凿石窟进行修行和礼拜的习惯。

1-3 阿旃陀石窟外景

佛教的早期石窟有贡塔帕里（Guntupalle，前2世纪）、巴雅（Bhaja，前2-前1世纪）、纳西克（Nasik，前1世纪）等。已可看出早期的僧房窟（如纳西克第19窟）和支提窟（巴雅第12窟）。只是石窟规模较小，如纳西克石窟的僧房窟，中央的大厅较小，正面和两侧各有2个小室。早期支提窟中的列柱和佛塔造得十分朴素，没有太多的装饰。比起其他宗教的石窟，佛教石窟十分注重佛塔，因为佛塔象征着佛，所以，支提窟（塔庙）有着重要的意义。不论是佛教石窟还是其他宗教的石窟，其建筑的样式，如门、窗、柱、窟顶等形式都是模仿着当时人们生活中的房屋建筑形式来雕凿的。而一些大型石窟群的构造也与人们生活中的房屋建筑院落群有密切关系。公元1-5世纪时期，石窟的开凿达到了一个高潮，阿旃陀石窟（Ajanta）、埃罗拉石窟（Ellora）这些著名的石窟已形成一定规模，而石窟的形制也已经完备。随着佛像的产生，慈祥庄严的佛像对信众来说更具有亲和力，所以，虽然有了佛塔，佛塔上还会雕刻出佛像。如埃罗拉石窟第10窟是一个支提窟，而在中心佛塔的前面雕刻出精致的佛像，周围的列柱上也有精美的雕刻。

阿旃陀石窟可以说是印度古代佛教艺术的集中体现，较全面地反映了印度佛教艺术在石窟建筑、雕刻和绘画方面的成就。阿旃陀石窟位于印度马哈拉斯特拉（Maharashtra）邦的奥兰伽巴德（Aurangabad）市，瓦戈拉河在这里形成一个马蹄形的弯曲，石窟开凿在瓦戈拉河畔的峭壁上（图1-3）。阿旃陀石窟现存共有29个洞窟，按由东到西的顺序编号。石窟开凿的时代大体分为前后两期，前期为小乘时期，时代大约在公元前2世纪到公元2世纪之间；后期为大乘时期，相当于后笈多时代，大致开凿于公元450-650年间。较早的如第12窟为毗诃罗窟，窟室非常简陋，雕饰较少，完全是一种修行的环境。时代较晚的第1窟、第2窟、第16窟等则在四壁有很多壁画，窟内窟外乃至列柱都有丰富的雕刻装饰。第10窟是较早的支提窟，窟内中央后部为佛塔，塔是一个简素的覆钵塔，列柱也仅仅是一些八边形柱子，装饰雕刻较少（图1-4）。而在第19窟、第26窟中，在佛塔前面雕刻出了佛及菩萨的形象，列柱以及门楣都有华丽无

1-4　阿旃陀石窟第 10 窟

比的雕刻。这些雕刻彩绘都反映了从原始佛教重视修行、崇尚朴素而发展到佛教全面兴盛时重视礼拜、注重形象，从而把佛教石窟建成了佛国宫殿的历程。

埃罗拉石窟开凿在离奥兰伽巴德市区 29 公里的山崖上（图 1-5），这里距阿旃陀石窟约 100 公里左右。石窟是由南到北进行编号的，包括三个区域，第1-12 窟为佛教石窟，开凿时间最早（6-8 世纪）；第13-29 窟为印度教石窟，开凿于 7-9 世纪；第 30-34窟为耆那教石窟，开凿于 8 ～ 10 世纪。佛教石窟区位于石窟群南部，由中心的凯拉萨神庙（印度教）往南大约 1 公里的范围内，山崖上零零星星可见一座座

石窟，进入这些石窟，就会发现其规模之大，决不亚于阿旃陀石窟。佛教石窟中有不少是僧房窟，其中第 5 窟规模很大，可能就是古代的讲堂，是一个纵长方形的石窟，纵深达三四十米，正壁开一佛龛，内有一佛二菩萨，龛外两侧又各有一铺菩萨像。主室除了两侧有列柱两列，中央还有纵向的平台两条。在两侧壁有中部凹进的坛。沿两侧壁开有很多小禅室。可以想见，在这样宽敞而巨大的石窟中，当年曾有多少僧人在这里学习和修行。第 11 窟和 12 窟都是像三层楼一样的大型建筑。每一层横向都有八个粗大的列柱，通常第一层较浅，第二层和第三层向内延伸，

列柱往往多达 4-6 列。第 12 窟号称是印度最大的僧房窟。在第三层上雕刻宏伟，正面龛内中央一坐佛，两侧各有菩萨 5 身，雕像都高达 2 米以上。龛外两侧也雕刻了佛、菩萨形象。在中央佛龛南北两侧还各有一组规模很大的七佛坐像，气势雄伟（图 1-6）。

埃罗拉石窟中，在佛像的两旁出现了完全女性化的菩萨形象，大都是裸体形象，身上配饰璎珞或别的装饰物，突出丰乳、细腰、大臀，表现印度风格的女性美。而飞天的形象大多是男女成组的，表现出欢乐腾飞的样子。这样表现女性菩萨的形象，在附近的奥兰伽巴德石窟中也可见到。

三、中亚和中国西部的石窟

从印度本土到印度北部和巴基斯坦一带（即犍陀罗地区），佛教艺术有了很大的变化，犍陀罗艺术受到了来自古希腊罗马文化的影响，在佛像雕刻上形成了自身的特点。但在犍陀罗地区现存没有石窟，只有大量的寺院遗迹。从塔克西拉等地的寺院遗址中，也可看出与印度石窟相关的构造，可见寺院与石窟是一致的。巴基斯坦以北的中亚大部分地区和中国西部的一些地区，就是古代中国文献中所说的"西域"。这一地区在佛教传播中，主要受到了犍陀罗艺术的影响，又有本地的地域文化特点，与印度本土的

1-5 埃罗拉石窟外景

1-6 埃罗拉石窟第 12 窟 七佛

1-7 巴米扬石窟东大佛

佛教艺术有较大的差别。由于这一地区的土质不是像印度本土那样坚硬的岩石，雕刻几乎没有，大多是泥塑加彩绘。中亚一带最著名的就是巴米扬石窟。从阿富汗往东，进入中国西部，就有龟兹石窟群，新疆东部又有吐峪沟、柏孜克里克等石窟。再往东就进入了汉民族聚居的地区。

1-8 克孜尔石窟外景

1. 巴米扬（Bamiyan）石窟

位于今阿富汗首都喀布尔以西一百多公里的巴米扬河畔，这里曾经是佛教繁荣的地方，在玄奘的《大唐西域记》中曾记载了这个地方为梵衍那国，曾有很多寺院，并记下了这里有两尊大立佛。直到上个世纪末，巴米扬石窟还保存着高达 55 米的西大佛和高 38 米的东大佛（图 1-7）。可惜在 20 世纪末也由于战争而毁坏了。除了两大佛像外，巴米扬石窟的中心区还有大大小小 700 多个石窟，分布在东西长约 1300 米的崖壁上。中心区往南的弗拉底河两岸也有 50 多个石窟，其中有不少壁画。在东南的卡克拉克河谷还有 100 多个洞窟，由于年代久远，大部分石窟中塑像和壁画都已毁坏，只有少量的壁画保存下来。

巴米扬石窟是中亚保存较为丰富的石窟遗迹，从 19 世纪上半叶，英国探险家开始调查巴米扬石窟，后来法国、俄国、意大利等国都曾作过考古调查。20 世纪 70 年代以后，日本考古学家开始对巴米扬进行全面调查，对所有洞窟进行了编号和实测，取得了较多的成果。巴米扬石窟的建造时代，特别是两大佛的时代，学术界还存在不少争议。但一般认为在 3-5 世纪之间。比犍陀罗早期艺术要晚一点，但比中国的云冈石窟要早。

1-9 克孜尔石窟第 80 窟 内景

大佛信仰是巴米扬石窟一个较大的特色。在印度本土虽然有过巨大的佛塔，但却没有出现过如此巨大的佛像，这主要还是对佛教思想的理解不同，信仰的侧重点不同所致。佛教传到中亚一带，已经与原始佛教有了一定的差异，人们对弥勒的崇拜发展到了一个高潮，以巨佛的形象来塑造未来佛弥勒，充分表现了对来世理想的憧憬。这一思想对中国隋唐以后的佛教无疑产生过巨大影响，从唐代以后各地出现的大佛就可以看出。

2. 龟兹石窟

龟兹因为佛教的兴盛，名僧辈出而闻名于当时。同时，由于龟兹位于中西交通的丝绸之路要道，从中国到西域，不论是政治的交流还是宗教、文化以及商业的来往都会经过龟兹，伴随着龟兹佛教的发展，龟兹地区也营建了大量石窟与寺院。现存的就有克孜尔、克孜尔尕哈、森木塞姆、库木吐拉等多处石窟群。玄奘取经时曾经过的雀离大寺，就是今天的苏巴什遗址，也是龟兹地区现存规模较大的古代寺院遗址。

克孜尔石窟是龟兹石窟中规模最大的一处（图1-8），位于今新疆库车县和拜城之间的木札提河北岸，南距库车县城67公里，西距拜城县60公里。现存已编号的洞窟236个，据北京大学考古系的研究，时代最早是3世纪后半叶，最晚为7世纪末，其中最盛期在4世纪末到5世纪。克孜尔石窟的形制包含了龟兹石窟的各种类型，如中心柱窟、大像窟、僧房窟等等。其中，中心柱窟是最为流行的形式，平面为纵长方形，前半部分留出空间，窟顶为纵券顶，正壁开龛造像，后半部分则是围绕着正面佛像的环形通道，使中央形成一个平面为方形的柱子，在通道的背后，往往在后壁设佛坛，塑涅槃佛像。在洞窟前壁门上部，一般绘出兜率天宫中弥勒说法的场面，表现了涅槃与弥勒信仰的特点。现在塑像绝大多数都已经毁坏，只有壁画还保存下来（图1-9）。龟兹石窟的中心柱窟在某些方面保持了印度支提窟的特点，如纵券形窟顶的结构。但中心柱已看不出佛塔

1-10 吐峪沟石窟外景

的形式。这是由于佛教传入中国时，佛像早已产生，佛塔虽然也同样存在，但以佛塔来代替佛像供人们礼拜已不再是必须的。进入洞窟，直接礼拜佛像，对于普通信众来说更容易被接受。

3. 吐鲁番地区的石窟

新疆东部吐鲁番地区古代曾经是佛教繁荣的地区，营建了不少石窟群，现存的主要有伯孜克里克石窟、吐峪沟石窟、胜金口石窟、雅尔湖石窟、奇康湖石窟等。在交河故城和高昌故城中，都可看到佛寺的遗迹。

吐峪沟石窟位于鄯善县吐峪沟乡的山谷中（图1-10），史书上称为"丁谷窟"，现存洞窟46个，最早的石窟开凿于5世纪，洞窟形制有中心柱窟、方形穹窿顶窟和长方形窟，早期洞窟有明显的龟兹风格，晚期的与柏孜克里克石窟一致，体现着回鹘风格。

柏孜克里克石窟位于吐鲁番市东45公里左右的木头沟西岸，距高昌故城约10公里，现存洞窟83个，其中有壁画的洞窟有40多个，是吐鲁番地区现存规模最大的石窟群。时代最早的约建于5-6世纪麹氏王朝时期，唐代称为"宁戎寺"，9世纪以后，高昌

回鹘王朝强盛起来，回鹘人笃信佛教，形成石窟开凿的盛期，壁画中出现了大量的回鹘供养人像。柏孜克里克石窟壁画受到唐代以来中原风格的影响，但在人物造型及色彩运用等方面则有着本地的特色。特别是回鹘高昌时代的壁画，曾对敦煌晚期的壁画有过一定影响。19世纪末到20世纪初，趁着清政府衰微的时候，英、德、俄、日等国探险家纷纷到中国西部的新疆、甘肃一带活动，盗掘文物，滥挖壁画。尤其是德国探险队在克孜尔石窟、柏孜克里克石窟等新疆石窟中挖走大量壁画，其中柏孜克里克石窟被害最甚，大部分洞窟都遭到盗掘，有的洞窟甚至整窟的壁画都被盗走，洞窟内只留下揭走壁画后的累累伤痕。大量的壁画收藏于德国柏林印度博物馆，也有相当部分壁画现存俄罗斯艾尔米塔什博物馆。

四、甘肃的石窟寺

东晋时期，中国北方经过了较大的战乱，分裂为很多小国，史称"十六国"。由于北方少数民族统治者大都信奉佛教，佛教就在这期间迅速地发展起来了。甘肃一带先后经历了前凉、后凉、南凉、西凉、北凉（史称五凉）的统治。其中北凉的时代较长，而北凉王沮渠蒙逊是个狂热的佛教信徒，他曾经主持建造了凉州石窟（有人认为就是今武威市南的天梯山石窟）。与此同时，河西一带的敦煌石窟（详见本章第二节）、文殊山石窟、马蹄寺石窟群等，也是在这前后兴建起来的。

1. 马蹄寺石窟群

马蹄寺石窟群，位于张掖市南60多公里的祁连山脉之中，这里属肃南裕固族自治县马蹄区。现存石窟包括金塔寺、观音洞、千佛洞和马蹄寺等窟区。

石窟以马蹄寺为中心，分布在其周围的崇山峻岭之中，石窟的窟龛总数有70多个。金塔寺石窟是其中时代较早的，位于大都麻河西岸的红砂岩崖壁上。现存两个洞窟，称为东窟和西窟，两窟都是中心柱窟，窟顶平面为方形，中心塔柱就在洞窟中心，塔柱还保持着方形佛塔的形式，下有台座，上部分数层，中心柱四面浮塑佛像。推测约开凿于北凉时期，被认为是凉州石窟的代表（图1-11）。窟中彩塑和壁画都经西夏、元代重修。

马蹄寺千佛洞也保存一些中心柱窟，如第2窟，窟室前部已塌毁，但中心柱大体保存下来，中心柱四面下部各开一佛龛，上部则各分三层浮塑佛像，其结构与金塔寺一致。马蹄寺第1窟则是在中心柱前有大佛立像，两侧有较低的甬道绕到窟后部。这一结构与龟兹石窟十分相似，说明了早期河西石窟最初受龟兹石窟的影响。

2. 天梯山石窟

位于武威市南40多公里处。因山势陡峻，断崖如削，登临之难，犹如上天梯，故名"天梯山"。现存洞窟19个，史书记载北凉王沮渠蒙逊曾在凉州（今武威市）城南开凿石窟，推测现存最早的石窟可能就开凿于北凉时代。北凉以后，北魏、西魏、北周、隋、唐，以至宋、西夏、元、明、清各代，都有兴建或重修。现存洞窟中，第1窟、第4窟、第8窟均为中心柱窟。其中心柱为方形，与金塔寺的中心柱结构一致，但方柱上部的层次更多，时代可能会比金塔寺早。现存最大的石窟为第13窟，位于窟群的东南端，原建于唐代，西夏、元、明、清、民国均有重修。从窟底到窟顶高27米，主尊倚坐大佛，高23米。大佛两侧的南、北两壁，从里往外分别雕造弟子、菩萨、天王各一身，高均为16米。造像虽经

1-11　金塔寺东窟内景

1-12 炳灵寺石窟外景 　　　　　　　　　　　1-13 麦积山石窟外景

后代多次重修，但仍留有一定的唐代风韵。

3. 文殊山石窟

文殊山石窟在甘肃省肃南裕固族自治县境，距酒泉市肃州区南 15 公里处。文殊山石窟的兴建大约开始于十六国北朝，唐代以后更为兴盛，窟龛数达数百，可惜现在大多毁坏，现存洞窟分布在前山和后山，前山千佛洞、万佛洞二窟保存壁画塑像较完整，后山有大量的石窟遗迹，特别是一些依山而建的成组的石窟以及多室禅窟等，为其他地区石窟群中少见。后山的石窟大多毁坏严重，存有壁画的仅千佛洞、古佛洞二窟。现存这几座石窟都是中心柱窟，其中前山万佛洞北魏壁画可见中原的影响，而后山古佛洞的壁画如飞天的脸型和着装风格却表现出西域壁画风格，与吐峪沟石窟壁画类似。

4. 炳灵寺石窟

炳灵寺石窟位于今甘肃省永靖县西南 35 公里的小积石山中（图 1-12）。石窟最早创建于十六国时期的西秦，历经北魏、北周、隋、唐、西夏、元、明朝，各代都有营造或重修。现存窟、龛 216 个，保存有西秦至元、明时代的造像共近 800 尊，其中以唐代造像数量最多。壁画面积约 1000 平方米，此外还有大型摩崖石刻、石碑、墨书及石刻造像题记等等。它们分布在南北长 350 米、高 30 余米的崖面上。炳灵寺的洞窟主要集中在"下寺"，共有编号窟龛 184 个。第 169 窟内有西秦建弘元年（420 年）墨书题记，是目前国内发现最早的壁画题记。在供养人像的题名中出现了法显、昙摩毗等佛教史上著名高僧的题名。西秦的彩塑体现着较多的外来影响因素，有的塑像可看出印度马图拉造像衣纹贴体的风格特点。壁画的主题有维摩诘经变、释迦多宝说法图、无量寿佛等内容。绘画特点是以中国传统绘画手法为主，有的佛像、菩萨也表现出西域式晕染法的运用，但画家显然对西域式画法掌握得并不熟练。总之，西秦时期的彩塑和壁画，对于探讨云冈石窟创建之前西北地区佛教艺术具有重要价值。北魏一些洞窟呈穹窿顶，窟内的雕像有秀骨清像的风格。唐代炳灵寺还营建

了高达 27 米的摩崖大佛像（第 171 窟），此外还有大量的小型窟龛，造型十分精致。

5. 麦积山石窟

麦积山石窟位于甘肃省天水市东南 45 公里处（图 1-13），大约在十六国时期，这里已经开始了佛事活动，其后经北魏、西魏、北周、隋、唐的开凿，宋代没有开新的洞窟，但对大部分北朝洞窟进行了重修。元、明、清时期也有部分重修。麦积山现编号洞窟 211 个，分西崖、东崖和王子洞三个部分。造像 7200 多身，壁画近 1000 平方米。造像大部分为北朝的泥塑作品，被誉为"东方雕塑馆"。麦积山第 115 窟有北魏景明三年（502 年）墨书造像题记。现存大部分洞窟也都是北朝时期营建的。北魏早、中期作品中可以看出一定的外来影响，如第 74 窟、78 窟的塑像可看出犍陀罗雕刻影响的特征。北魏晚期以后，受中国传统艺术的影响，民族化、世俗化色彩浓厚，如第 121 窟的菩萨与弟子像、第 44 窟的佛像等，充满了人间气息，是麦积山石窟最具特色的艺术。第 133 窟、127 窟、135 窟等窟中又保存了一些造像碑和石雕佛像，形象生动，制作精美。麦积山石窟在北周时期由当时的秦州大都督营建了规模宏大的七佛阁，隋代在东崖营建了一佛二菩萨的摩崖造像，主尊高达 15.7 米，两侧的菩萨像高 13 米。98 号龛为北魏营建、后代重修的摩崖造像，三尊像中一菩萨已残，现存一佛一菩萨。佛像高 12.2 米，菩萨高 7.7 米。

五、中国北方的重要石窟

1. 云冈石窟

云冈石窟位于今大同市西约 15 公里的武州山南麓武州川北岸，东西绵延 1 公里，现存主要洞窟 45 个，此外还有不少小型窟龛（图 1-14）。造像的总数达 51000 多身，为我国规模最大的古代石窟群之一。1961 年被国务院公布为全国重点文物保护单位，2001 年被联合国教科文组织列入世界文化遗产名录。

公元 398 年，北魏建都平城（今山西大同市），

1-15 云冈石窟第 20 窟 大佛

此后逐步吞并了北方的后燕、夏、北燕、北凉，于
439 年统一了北方。北魏灭北凉时，曾俘掠凉州僧徒
3000 人迁到平城，这一批僧人对北魏佛教的发展起
了极其重要的作用。如著名的凉州僧人玄高就深受
太武帝敬重，当时的太子晃还把玄高当作老师看待。
主持开凿云冈石窟的正是来自凉州的高僧，当时任
沙门统的昙曜。所以，云冈石窟的营造不可避免地要
吸取凉州佛教艺术的因素，当然，作为首都平城，一
定聚集了全国的佛教艺术高手，从而在石窟的开凿
和佛像的雕刻方面创造了一个时代的风范。云冈石
窟可以说是北魏前期佛教艺术的典范，代表佛教石

窟艺术在中国内地发展的第一个高潮。云冈石窟在
北魏前期对中国北方石窟的营建有着深刻的影响。

按考古学的分期，云冈石窟主要分三个时期，第
一期石窟主要有 5 个，包括第 16-20 窟，为北魏和
平年间（460-465 年），高僧昙曜主持开凿的，也称
"昙曜五窟"，这五个洞窟规模宏大，每窟的主尊都高
达十几米，最高的第 19 窟佛像高 16.8 米。有一种说
法，认为这五个洞窟的佛像象征着北魏初期的五个
皇帝，所以它们被表现得如此的宏伟壮丽。第 20 窟
佛像为露天大佛，高 13.7 米，结跏趺坐，面容沉静
庄严，略带笑意的脸上透露出一股雄强的气势（图

1-15），这一形象成为北魏时期北方各地造像的典范。

第二期，开凿时间为471-494年。包括现编号的第1、2、3、5、6、7、8、9、10、11、12、13窟，或称为孝文时期石窟。孝文帝在北魏延兴元年继位（471年），他和祖母文明太皇太后都是大力扶持佛教的人物。因此，这一期的洞窟多为双窟，如第7-8窟、9-10窟，就是象征当时政治上的所谓"二圣"。这一时期的云冈石窟无论从规模上还是内容上都超过前期。如第6窟规模宏大，雕刻精湛，具有华丽灿烂的效果。而伴随着孝文帝政治上的改革，学习汉族文化，改用汉式衣冠。在佛像中，秀骨清像、褒衣博带的汉式风格也在石窟中出现。

第三期，开凿时间为494-524年。主要分布在第20窟以西，还包括第4窟、14窟、15窟和11窟以西崖面上的小龛，约有200余座中小型窟龛。这一时期，由于北魏迁都洛阳，北魏皇室在洛阳开凿了龙门石窟，云冈石窟的营建进入尾声，不再出现大型洞窟。云冈石窟的影响力也逐渐降低。

1-16 龙门石窟宾阳中洞佛像

2. 龙门石窟

龙门石窟位于河南省洛阳市南约12公里的伊水之滨，伊水两岸山峦对峙，称为伊阙，两岸凿建石窟，西岸称为西山（龙门山），东岸称为东山（香山）。两岸石窟南北延续约1公里。据最近龙门石窟研究所的统计，西山现有窟龛2043个，东山有302个，合计共2345个。其中大型洞窟约有30窟，其余为小型窟龛。造像总数达10万

余身，造像题记有 2840 余方，佛塔 50 余座。龙门石窟于 2000 年被联合国教科文组织列入世界文化遗产名录。

龙门石窟始建于孝文帝迁洛之后（5 世纪末），从龙门现存的石窟来看，在孝文帝迁都洛阳之前，似乎已经有人在这里开窟造像了。但作为皇家主持大规模地开凿石窟，则是在孝文帝迁都洛阳到孝明帝期间三十多年的时期。由于龙门石窟的地理环境与云冈石窟有很大的差异，特别是时代背景变化很大，形成龙门与云冈的不同风格。北魏洞窟主要在西山，著名的有古阳洞（493-503 年）、宾阳中洞（505-523 年）、莲花洞（521 年前）以及慈香洞、魏字洞、皇甫公窟等。古阳洞，是龙门较早的大型洞窟，建造于 493-503 年之间。洞窟由天然洞穴凿建而成，主尊为高 6 米多的释迦牟尼像，两侧有二身菩萨侍立。佛像形式完全是中国式的双领下垂式袈裟，座下形成衣纹密集的褶襞，是北魏后期佛像的典型样式。这个洞窟还因为大量的碑刻书法精品而著称于世，书法史上有名的"龙门二十品"绝大部分都是出自这个洞窟。如著名的《始平公造像记》（488 年）、《长乐王丘穆陵亮夫人尉迟造像记》（495 年）、《杨大眼造像记》（506 年）等等。宾阳中洞（505-523 年）也是个大型洞窟，本是北魏宣武帝打算为其父孝文帝和其母文昭太后而建石窟，后来又为宣武帝建一窟，合计为三窟。但未能完工，仅宾阳中洞完成，现在的宾阳南洞与北洞为隋至初唐间完成。洞窟正面为佛坐像，两侧各有一菩萨、一弟子雕像，弟子像为一老年，一青年（图 1-16）。这样的一铺五尊像的格局成为以后龙门石窟的基本形式，也影响到各地的石窟造像。佛像雕刻虽为汉式

风格，但并没有特别的清瘦，而是体现出一定的体积感，洞窟周壁雕刻内容十分丰富，包括维摩诘经变、萨埵太子本生，以及皇帝和皇后礼佛浮雕（帝后礼佛浮雕已流落国外）、神王像等等。窟顶装饰也十分豪华。顶为穹庐形，中央一朵大莲花，周围有八身飞天绕花旋转飞翔。

隋唐时代是龙门石窟开凿的第二个高潮，包括西山的潜溪寺洞、宾阳北洞、宾阳南洞、敬善寺洞、惠简洞、奉先寺等，以及东山的擂鼓台、看经寺洞等。其中奉先寺洞为武则天出资营建的洞窟（图 1-17），于上元二年（675 年）完成。此窟主尊为高达 17 米的卢舍那佛，两旁各有胁侍弟子、菩萨、天王、力士像，为唐代雕刻艺术的重要代表作。

3. 巩县石窟

位于洛阳东五十多公里的巩县石窟，是继云冈、龙门石窟之后北魏的又一重要石窟寺。考古学家们推测，其开凿年代大约在熙平二年至永安二年（517-529）。这个时候，中原佛教艺术在大量接受南朝风格影响之后，基本形成了一定的模式，体现出了比较规范化的"中原风格"。巩县石窟现存 5 个洞窟，雕刻极精美，保存也比龙门完好。除第 5 窟外，其余四窟都是中心塔柱窟，如第 1 窟中心柱四面各开一个帐形龛，内刻佛像，窟顶是浮雕出的平棋图案，平棋的方格内，分别雕刻出莲花、飞天、化生等，四壁的上部雕刻千佛，下部为列龛，龛下是神王形象。南壁门两侧还保存着规模较大的"帝后礼佛图"。

除以上三处重要石窟外，中国北方尚有响堂山石窟、天龙山石窟、须弥山石窟等等。南方也有广元石窟、大足石窟、栖霞山石窟、剑川石窟等等。因与敦煌石窟关系不甚密切，不再详述。

1-17 龙门石窟奉先寺 佛像

1-18 莫高窟外景

第二节　敦煌石窟的分布情况

　　敦煌石窟包括敦煌市的莫高窟、西千佛洞和瓜州县境内的榆林窟、东千佛洞，肃北县境内的五个庙石窟。在古代都属于敦煌文化圈内。这几处石窟在内容、风格等方面都非常一致，可见其系统性。

　　1. 莫高窟

　　莫高窟位于敦煌市东南25公里处宕泉河畔，宕泉河水源于南部数百公里处祁连山的支脉，自南向北流下。宕泉下游把地势分成了两部分，东面是三危山，山石坚硬，西侧是由沙漠形成的鸣沙山，山势平缓，常有流沙。据唐代的文献和莫高窟唐代碑文记载，前秦建元二年（366年）一位叫乐僔的高僧在此开凿了第一个石窟，不久，另一位高僧法良在乐僔的窟旁又开凿了一个石窟。此后，石窟开凿就越来越多，到了唐代，已达一千多座。这一片石窟被称为"莫高窟"，也叫千佛洞（图1-18）。1961年莫高窟被

列为中国第一批"全国重点文物保护单位"。1987年被联合国教科文组织列入"世界文化遗产名录"。

　　莫高窟大部分洞窟集中在南区，1907年斯坦因在莫高窟对他认为有价值的洞窟进行了编号，共编18号。1908年伯希和最早对石窟进行了较为详细的调查，并对洞窟作了编号，共有183号，其中又有一些洞窟编为另一些窟的附号，把附属部分合起来，共有400多个洞窟编了号。伯氏的编号在很长时期内成为人们了解和研究洞窟的依据。1941年张大千在敦煌对莫高窟进行重新编号，共编309号，其中又包括一些附属耳洞，合起来也有400多窟编了号。敦煌艺术研究所成立后，开始对洞窟进行更为科学和细致的调查编号，于1951年公布了新的编号，共有469个。此后，学术界主要采用敦煌文物研究所的新编号。20世纪60年代，敦煌文物研究所在对南区洞窟进行大规模加固工程的同时，对窟前遗址进行了考古清理，又发现了一些洞窟，到1982年出版《敦

1-19 莫高窟北区洞窟

后，方形覆斗顶形窟开始普及。这类洞窟空间较大，利于大量信众进入观佛和礼拜。此外，还有供奉巨型大佛的大像窟和供奉涅槃佛像的涅槃窟。

塑像是石窟的主体，莫高窟现存各时期彩塑2000余身，在佛教艺术史上具有重要的意义。由于莫高窟开凿在砂砾岩上，不能雕刻，壁画就成为表现佛教内容和装饰洞窟的主要手段。莫高窟现存壁画约45000平方米，内容十分丰富，主要有佛像画、佛教故事画、经变画、中国传统神话题材画、佛教史迹画、供养人画像及装饰图案画等。

2. 西千佛洞

位于甘肃省敦煌市西约35公里处党河北岸的断崖上，因地处古敦煌城西，故名西千佛洞。现存洞窟22个，其中1-19号窟集中开凿于党河河谷北崖，后三窟则散落于顺流东下2公里左右的地方。现存洞窟包括北魏窟1个、北周窟3个、隋窟2个、初唐至盛唐窟3个、中唐窟1个、五代窟1个、沙州回鹘窟3个、西夏至元窟2个，另有2窟时代不明。洞窟形制与莫高窟同期洞窟基本相同，大致可分为中心塔柱窟、覆斗顶形窟、平顶方形窟等，现存彩塑34身，壁画800余平方米。塑像多经清代及民国时期重修新塑，亦有少量保持原貌者。壁画内容与风格基本与莫高窟同时期壁画一致。1941年张大千曾对西千佛洞进行编号，共有19号。后来，敦煌研究院对西千佛洞进行了重新编号，共有22窟，在《中国石窟·安西榆林窟》（1997年文物出版社出版）一书中正式发表了新的编号。20世纪90年代，敦煌研究院对西段重点窟区已进行了全面彻底的维修和加固。

3. 榆林窟

也称万佛峡（图1-20），位于甘肃省瓜州县（原安西县）南部的榆林河（也叫踏实河）畔，西距莫

煌莫高窟内容总录》时，共记录洞窟492个。莫高窟北区洞窟大部分都没有壁画和彩塑，长期以来不被人重视，直到20世纪80至90年代，敦煌研究院对北区洞窟进行了有计划的清理，才搞清了北区洞窟的总体数目和洞窟的功用等问题（图1-19）。据彭金章先生的调查，北区共存洞窟248个，包含原已编号的5个窟（461-465号）和新编号243个。至此，莫高窟全部洞窟数量及其内容、功用基本清楚了。

石窟从功用上来看，主要有：礼拜窟、禅窟（用于坐禅修行）、僧房窟（用于僧人的生活）、瘗窟（用于埋葬死者）、廪窟（用于贮存物品）等等。南区除了少数的禅窟外，大部分都属于礼拜窟，供人们观瞻拜佛，因此窟内造出佛像，绘制壁画。另外几类洞窟都集中在北区，大都没有塑像和壁画。用于礼拜的洞窟，北魏时流行中心柱窟，即在石窟中心建有方形的塔柱，是按印度支提窟的理念来建的，但塔的形式改成了中国式的方塔。北朝晚期到隋唐以

高窟约 100 公里。现存洞窟 42 个（包括东崖 31 个，西崖 11 个）。1961 年，榆林窟与莫高窟同时被列入国务院公布的第一批全国重点文物保护单位。

榆林窟现存石窟包括唐、五代、宋、回鹘、西夏、元等朝代的石窟。时代最早的洞窟建于唐前期，其中第 6 窟内有高达 24.7 米的大佛，与莫高窟第 96 窟北大像和第 130 窟南大像交相辉映。大历十一年（776 年），吐蕃人占领瓜州，在榆林窟也开凿了不少洞窟，但大多已被后人重修重绘，只有第 25 窟完整地保存了吐蕃时代壁画的原作，代表了榆林窟唐代壁画的最高水平，同时也反映了与莫高窟同期壁画的不同特色。五代、北宋时期，曹氏家族统治瓜、沙二州，政府设置了画院。画院有"都勾当知画院使"、"都画匠作"、"知画手"等职务。可见曹氏统治者对佛教壁画的重视，瓜、沙二州的石窟艺术也因此而得到很大发展。由于官方有组织的开凿，从洞窟规模到绘塑技法都保持在相当的水平。第 12、16、32、33、35 等窟，是这一时期的代表。在洞窟形制上，此时的洞窟都有前后室，主室为方形覆斗顶窟，中心设方形佛坛，佛坛上有成组的彩塑。西夏时期榆林窟出现了一些艺术成就较高的洞窟，如第 2、3、10、29 窟，反映了来自中原新的绘画风格，不仅是莫高窟所没有，而且在敦煌以外的石窟或寺院中都十分罕见。

4. 东千佛洞

东千佛洞，又名接引寺（图 1-21）。位于瓜州县城东南 90 余公里处（距桥子乡东南约 30 公里），开凿在峡谷河床两岸断崖上。河水由南向北流，但早已干涸。东千佛洞现存洞窟最早为西夏时期，元朝和清朝及民国时期均有营建或重修。现有洞窟 23 个（包括未编号的残窟 14 个），西崖 14 个洞窟，有 5 个洞窟尚存塑像、壁画，编号为 1、2、3、4、5；东崖 9

1-20 榆林窟外景

个洞窟，有 4 个洞窟尚存塑像、壁画，编号为 6、7、8、9。洞窟形制大体可分为两大类：一类为中心柱窟，平面呈长方形，窟顶为覆斗形顶或穹隆顶；后部由正壁两侧向里凿成马蹄形甬道。这类洞窟结构与龟兹石窟的中心柱窟型相似。另一类窟室平面略呈正方形，窟顶为穹隆顶或平顶或覆斗形顶。有的洞窟窟前原有窟檐建筑，现在大部已毁。东千佛洞现存壁画艺术多为佛教密宗的内容，绘制精美，有较高的艺术价值。

5. 肃北五个庙石窟

五个庙石窟位于肃北蒙古族自治县西北约 20 公里处。这里党河曲折向东而流，在河北岸分布着一片石窟群，均坐北朝南，因主要有五个洞窟，俗称五个庙（庙也就是指石窟）。实际上至少曾有过十多个洞窟，由于这一带气候比敦煌湿润得多，大部

1-21 东千佛洞外景

分洞窟已经塌毁或被积沙掩埋，现存有壁画的洞窟西区有 4 个，东区有 2 个。从它们的内容和艺术风格上看，与敦煌石窟同属一个体系，而又有自身的一些特点。五个庙石窟最早开凿于北朝晚期。大约在归义军曹氏晚期（北宋）到西夏期间，五个庙石窟进行过较大规模的重修、重绘。现存壁画大都是这一时期重绘的。五个庙石窟壁画继承了敦煌壁画唐代以来的传统，洞窟中以经变画为主，内容上显密杂陈，既有大乘佛教的维摩、弥勒变等，又有密宗的千手千眼观音以及藏密的曼荼罗等。题材内容和艺术风格与莫高窟、榆林窟同期壁画相比，有较一致的地方，也有其独特之处。从现存壁画看可分为：经变画、尊像画、曼荼罗、世俗人物像及装饰图案画等内容。

第三节　敦煌石窟美术发展的分期

敦煌石窟的营建经历了十六国（北凉）、北魏、西魏、北周、隋、唐（分为初唐、盛唐、中唐、晚唐）、五代、宋、回鹘、西夏、元共十一个时代，历时一千多年。清朝至民国年间，莫高窟仍有信众对石窟进行维修和补塑、补绘。世界上没有哪一处文化遗迹延续了这样长的时期，并且每个时期都有相当数量的作品保存下来。从石窟艺术发展史的角度，我们把敦煌石窟大体分为三个发展阶段。

一、中外艺术融汇交流的时期

这一时期经历了北凉、北魏、西魏、北周，也就是通常所说的北朝时期，学术界往往把这一时期的艺术称为"早期艺术"。这一时期在政治上经历较多的变化，朝代的更替，地方统治者的变化，常常免不了会影响到艺术的发展。如北魏末至西魏初，北魏宗室东阳王元荣出任瓜州刺史，很快就为敦煌石窟带来了新的艺术风格。而北周时代新的理念，又使敦煌石窟重新恢复来自西域的风格。西域风格、中原风格就在这时代的变迁中逐步融合，从而形成了既不完全是西域式的，也与中原式有别的特色。

二、与中原艺术同步的繁荣发展时期

隋唐时代由于中国有较长时期的统一，隋唐帝国的空前繁荣，以及丝绸之路的畅通，使敦煌与中原的交流非常便利，敦煌作为丝绸之路上的重镇，迎来了经济和文化艺术方面兴旺发达的时代。敦煌石窟不论是彩塑还是壁画都取得了辉煌的成就，留下了大量的经典名作。隋唐时代以长安洛阳为中心的中原地区涌现出的那些著名画家，如展子虔、阎立本、李思训、吴道子、张萱、周昉等等，他们的绘画风格都可以在敦煌壁画中找到。表明敦煌艺术与中原艺术的关系十分密切。尽管在安史之乱后，敦煌一度被吐蕃人统治，但在佛教和艺术方面的交流，并未断绝。由于长安洛阳一带隋唐时期营建的大大小小的寺院今天大多不存，使阎立本、李思训、吴道子等画家的重要作品无一流传下来，仅有极少数临摹本传世，因此，这一时期敦煌艺术成为隋唐美术史的重要依据。敦煌壁画包含了精美的人物画、建筑画、山水画以及装饰图案画，反映了隋唐时代中国艺术的高度成就。鉴于这一时期的石窟是现存洞窟数量最多的，占现存全部石窟总数一半以上。而且内容丰富，风格多样。因而，本书对这个阶段的艺术再分出三个时段来叙述：1.隋朝；2.唐朝前期；3.唐朝后期。

三、样式主义和新时代因素并存时期

唐王朝覆灭以后，中国又形成了分裂的局面。然而敦煌一地的统治者始终在努力与中原王朝取得联系，以维系敦煌的安定。此后直到宋代，在周边有强大的少数民族政权的情况下，敦煌一地竟奇迹般地保持了一百年左右的稳定局面，从而使敦煌石窟得以不断地营建。或许，对于当地人民来说，佛教信仰正是保证地方和平的重要支柱吧。而孤悬在西北一隅的敦煌，能长期保持汉民族文化的持续发展，也反映了汉文化强烈的向心力。当然，由于与中原的交流时断时续，已经不能像隋唐那样随时受到中原艺术的熏染，尽管由于地方统治者的力量，敦煌也仿照中原朝廷成立了画院以保证石窟艺术的发展，但画家们能做的就是努力与唐代艺术保持一致了。正如欧洲文艺复兴之后长期出现"样式主义"一样，五代到宋朝的敦煌艺术大部分可看做是一种"样式主义"。当然其中也出现了不少具有特色的创新。

西夏推翻了曹氏家族的统治，带来了新的艺术风格，在榆林窟第 29 窟、2 窟、3 窟都出现了前所未有的新气象。元朝灭了西夏后，在敦煌也新建了一些石窟，如莫高窟第 3 窟、465 窟都可看到风格新颖而技艺精湛的作品。只是洞窟数量较少，不能与唐代数百窟的情况相比。明朝曾放弃了敦煌等地，敦煌荒芜近二百年。直到清朝重新拓边，收复了新疆等地，敦煌才恢复了生机。但此时已没有唐宋时代那样强大的佛教文化，虽然仍有信众对石窟进行小规模的营建或修复，但其艺术成就无法与元代以前相比。

以上是从艺术发展史的角度对敦煌石窟进行的大致分期。试图理出敦煌艺术发展的一个线索，至于更深入、系统的分析研究，仍有待于将来。

第四节　敦煌艺术相关的几个问题

一、敦煌石窟艺术的基本内涵

从艺术的角度看,佛教石窟包括三个方面的艺术:(一)建筑艺术。石窟本身是一种建筑,石窟采用什么样的形制,与传统文化和时代风格有关,因而从石窟的形制上,我们可以看到中国传统建筑艺术对佛教石窟的影响。如北朝的中心柱窟中的人字披顶,北朝到唐代流行的覆斗顶窟等等,就是吸取了中国传统建筑中的人字形屋顶、中国的斗帐形式等等而在石窟中的反映。佛教石窟本身作为一种建筑形式,其设计、制作与装饰等方面,也丰富了中国建筑史的内容。(二)雕塑艺术。自魏晋南北朝以来,佛教在中国逐渐流行,经隋、唐、宋、元乃至近代,佛教寺院、石窟的营建不断,其中大量的佛教雕塑艺术已成为中国雕塑史的重要组成部分。而敦煌石窟的雕塑多为北朝至唐代的雕塑,各时期不同风格的彩塑艺术,反映了中国雕塑吸收外来文化,创造具有中国风格艺术的重要历程。从材质上看,敦煌彩塑为泥塑加彩绘制成,有别于石雕和木雕的艺术,在雕塑史上独树一帜。(三)壁画艺术。在佛教石窟中,壁画与彩塑配合共同构成一个完整的佛教世界。敦煌壁画按主题内容可分为七类:1.尊像画、2.佛经故事画、3.经变画、4.中国传统神仙、5.佛教史迹画、6.供养人画像、7.装饰图案画。从艺术方面则涵盖了人物画、山水画、建筑画、装饰画等等。敦煌壁画系统地反映了4-14世纪佛教绘画的发展演变历程,特别是唐代和唐代以前的绘画作品,传世本绘画几乎没有,而内地的寺院及石窟壁画遗存也十分罕见,敦煌壁画便是研究这一阶段中国绘画史的重要依据。

二、敦煌石窟的制作

敦煌石窟群内各处石窟的地质结构大体相同,都是开凿于酒泉系砾岩上的。石窟的营建分几道工序:(一)按设计的意图挖凿出石窟的雏形。(二)用拌有草或其他纤维物质的黏土将壁面抹平,并打磨光滑。这道工序中,通常又分为两个层次,紧贴岩壁的底层的土可以粗糙一些。为了增强紧靠岩壁的泥层的附着力,往往在泥中要拌上一些草或纤维质。然后在表层敷上较细的土质,并加以磨光以便绘画。(三)在龛内制作彩塑,并在墙壁上设计绘制壁画。

石窟所在的砂岩无法进行雕刻,敦煌一带少有能够雕刻的石材,因此,洞窟内的佛像均以泥塑加以彩绘,而形成了彩塑。彩塑的制作工序是:(一)首先以木条作为骨架,然后在木架上绑上草绳、布条之类以附着泥土之物。(二)在缠有草绳的木架上敷泥,做成雏形。(三)对形象进行仔细雕琢,完成各个细部造型。(四)在泥塑表面加以彩绘,最后完成彩塑。大型的塑像采用石胎泥塑的办法,即在开凿石窟时在崖面上凿成雏形,然后以黏土敷于表面,加工成形,最后上彩完成。

在石窟开凿完毕之后,以泥土把墙壁抹平,做成适宜绘画的墙壁,对于壁画的制作来说,称为地仗层,地仗层完成后,壁画分几道工序进行:(一)在洞窟的墙壁上安排设计全窟的内容。(二)起稿:按设计的内容在墙壁上绘出草图。(三)敷色:起稿完成后,就要敷色,包括绘制底色和对人物形象进行晕染。北朝时期的壁画人物肤色的晕染采用了特殊的叠染技法,古代画论中称为"天竺遗法",或称"凹凸法"。这样的方法源于印度,但在中亚和新疆西部的壁画中,与印度的画法已有一定的区别。(四)定型线:在敷色完成之后,还要通过线描把人体各部分明确地表现出来，这一道线称为"定型线"。

由于时代风格的不同，绘制的工序也会有所不同，如早期壁画多以土红色绘制底色，但隋唐时代，有一些洞窟并没有绘底色，似乎省略了这一道工序。早期壁画多采用西域式晕染法，晕染的层次比较丰富，用色也很厚重，晕染完后，往往把起稿的线条遮盖了。因此，必须在最后再勾一次线，以突出人物形象。这道线称为"定型线"或"提神线"。隋唐以后，中国的画家们逐渐找到了适合于自己的画法。就是以线描造型为主，按线描的结构来进行适当的晕染，既表现出人体明暗关系，又最大限度地体现了中国传统"笔法"的精神，这样就要求在起稿时就把线描描得很好，晕染的颜色较淡，不会压住线条，因而也就不需要最后一道"定型线"。

三、敦煌壁画变色与褪色的问题

据敦煌研究院保护研究所专家的调查分析，敦煌壁画所用颜料中，红色有：土红、朱砂、铅丹、密陀僧；绿色有：氯铜矿、石绿；白色主要为：滑石、硬石膏、石膏、白垩、高岭石和云母。现在我们看到的黑色，大部分可能是含铅的颜料变色的结果，当然，古代壁画中也同样应用黑色颜料，所以，现存的壁画颜色存在较复杂的情况，这些都有待于进一步研究。由于一部分颜料中包含了容易变色的成分，在日晒及一定湿度变化的条件下，就产生了变色，其中如某些红色和白色颜料，经过千百年的时间，现在已变成黑色。

敦煌壁画大部分都有 1000 年以上的历史，一般来说，时代越早，变色的情况越严重。从用色的情况看，凡是用色较丰富，层次较多的壁画，变色就比较严重。北朝时期的壁画多采用西域式晕染法，用色厚重，因此变色较严重。隋代壁画有两种风格；一种是用色重的，变色也较严重；一种是用色淡的，相对来说，变色就少。另外，用色较单纯，混合色用得少，或者为了突出线描造型，而用色较淡的壁画，变色就相对较少，从而保存了相当部分未变色的壁画。唐代壁画也有不少是变色很厉害的，但由于唐代保存洞窟较多，可以找到一些变色轻微，或者变色不明显的洞窟，对比研究，就可大致了解当时壁画的原貌。

敦煌石窟有不少是前代营建之后，后代又进行了重修、重绘的。重修时，往往在原壁上再敷泥进行重绘。这样的壁画称为"重层壁画"。有的洞窟重层达三层，也就是说，有三个时代的壁画存在。而后代重修的表层壁画一定程度上保护了底层壁画，使之变色速度减慢。因此，当表层的壁画脱落之后，露出的底层壁画往往还保持着较新的状态。最典型的是初唐贞观十六年（642 年）营建的莫高窟第 220 窟，此窟于宋代重修，重绘壁画覆盖了全窟。但在上个世纪 40 年代，表层壁画被剥开，露出了底层的初唐壁画，使我们得见初唐绘画的真实面貌。第 263 窟原建于北魏，也是在宋代重修。在上个世纪初，部分表层壁画被剥开，露出了北魏壁画的原貌。由于表层壁画的覆盖，使早期壁画受到一定的保护，变色氧化的程度较轻，因此，这些底层的壁画就成了我们今天认识初期壁画的标本。

长期在敦煌从事临摹研究工作的专家曾对一些壁画进行过复原临摹，他们往往参考那些重层壁画露出的底层原作，根据长期的调查和研究，进行审慎的复原。因此，他们的临摹品对我们认识古代壁画的原貌很有帮助。如段文杰先生对北魏第 263 窟北壁供养菩萨的复原临摹（图 1-22、1-23），这部分壁画本来是被宋代重绘壁画覆盖了的。后来表层壁画被揭

1-22 莫高窟第263窟
伎乐菩萨

1-23 莫高窟第263窟菩萨
（段文杰复原临摹）

1-24 第148窟药师经变中乐舞　盛唐

1-25 第148窟药师经变中乐舞（万庚育复原临摹）

开，露出了底层的北魏壁画。最初揭开表层壁画时，原作的色彩变色程度较轻，可能还非常清楚，但是现在的壁画也有相当部分变黑了，但比起其他北魏洞窟的壁画（如第272窟壁画），则又能看清其绘画的笔法及晕染的特点。另外如唐代第148窟药师经变中舞伎（图1-24），此窟的壁画由于当时所用颜料的问题，大部分都已变黑。万庚育先生一辈子在敦煌石窟从事临摹工作，并对壁画晕染问题作过专门研究，她参考了大量的唐代未变色的壁画，通过比较研究进行复原（图1-25），应该是可信的，从中我们可以了解唐代壁画本来的风采。

还有的洞窟是由于人为因素造成变色的，如第156窟壁画是由于曾有人在窟中生火，烟熏造成了变色。

光线的照射，也是颜料变色的重要因素，洞窟中经常受到光线照射的位置，往往壁画变色严重，而洞窟后部相对受光较少的位置，壁画保存得相对较好，或者虽有变色，却不太严重。因此，不少洞窟中在不同的位置，壁画的颜色不同。

褪色的问题，过去很少有人研究。因为我们无法知道褪掉的颜色到底是什么样的。但是这种状况在敦煌壁画中是很普遍的。由于莫高窟地处沙漠戈壁，时时受到风沙的影响，风化会使壁画颜料脱落、变淡。光线照射也是壁画褪色的最主要原因，同一个洞窟，我们发现在光照较强的位置，壁画往往就变淡，而在光线很难照射到的位置，壁画相对来说保存的状况要好一些。凡是露在洞窟外长期受阳光直接照射的壁画，就变得很淡，甚至消失了。通过现代科技的测定，也可知光线对壁画颜料的变色会产生重要的影响。当然，颜料本身也存在衰变的问题，在画家所用的颜料中，也可能存在某些易于挥

1-26 都督夫人礼佛图 第130窟甬道南壁 盛唐

发的颜料，画在墙壁上一段时间后逐渐变淡乃至消失。如莫高窟第130窟是一个大像窟，洞窟的甬道两旁有晋昌郡都督乐庭瓖一家的供养像。这两壁的壁画绘于唐开元天宝年间，但后来被宋代重绘壁画覆盖了。上个世纪40年代，表层壁画被揭开，露出了原作，使人看到非常艳丽的盛唐壁画。但是，这两铺壁画因为在洞口两侧，长期受到阳光的直接照射，现在已经变得十分模糊了（图1-26）。幸好段文杰先生在40年代曾经做过复原临摹，才使我们得知其原貌（图1-27）。第130窟甬道的壁画被剥出来才经过了六七十年，就褪色这么严重，很多洞窟经过了千年以上的时光，其褪色的情况也就可想而知了。

壁画的变化除了以上两个方面的原因外，还有很多因素，如今天在文物保护中称为壁画"病害"的，包括壁画颜料层起甲；壁画地仗层酥碱、盐化；地仗层空鼓、脱落；颜料层霉变、污染；以及过去的香火和洞窟居住人造成的对壁画的烟熏等等。各种各样的病害都在改变着壁画的面貌，使我们今天所见的壁画已不是最初建造时代的原貌。因此，当我们面对古代壁画时，如果不考虑它千百年来的变化情况，就会产生错误的认识，得出错误的结论。

了解敦煌壁画的变色、褪色等问题，使我们面对敦煌壁画时，要分析现存壁画在多大程度上保留了古代绘画的原貌，通过表象来探索其最初的面貌，从而避免艺术研究中出现错误。

1-27 都督夫人礼佛图（段文杰复原临摹）

第五节　敦煌石窟保护研究的历程

一、20 世纪前期敦煌石窟的调查研究

　　1907 年斯坦因来到莫高窟，他是第一个来到莫高窟的外国人，在他后来的考古报告里，与莫高窟密切相关的主要有 1921 年出版的《千佛洞：中国西部边境敦煌石窟寺所获之古代佛教绘画》。1931 年出版的《斯坦因敦煌所获绘画品目录》，是斯坦因所获绢画等艺术品的完整目录。1908 年伯希和来到莫高窟时，对所有洞窟进行编号、测量、拍照和抄录各种文字题记，对大部分洞窟均作了详细的文字记录，同时拍摄了大量的照片，这是有史以来第一次对莫高窟进行全面而详细的考察活动。其后，伯希和将所摄敦煌壁画照片编为《敦煌石窟图录》6 卷，于 1920-1924 年陆续出版。这是第一部具有一定规模的敦煌艺术图录，对敦煌石窟的研究产生过重要

的影响。1914 年 8 月 -1915 年 1 月，俄国人奥登堡（1863-1934）在敦煌停留长达半年，对洞窟进行记录，拍摄照片，绘制相关的示意图、测绘图等。1924 年初，美国人华尔纳（Langdon Warner, 1881-1955）利用粘胶从敦煌盗走 12 块壁画和 2 尊彩塑（其中有一块壁画被打碎）。日本学者秋山光和曾数次到美国作过调查。证实华尔纳于 1924 年剥去的 11 块壁画包括现编号的第 320、321、323、329、335 窟共 5 个洞窟的内容。1938 年由哈佛大学出版了华尔纳著《佛教壁画：对万佛峡九世纪石窟的研究》。在此前后，美国人波林（B.Bohlin）曾发表过关于敦煌西千佛洞的调查报告。

日本学者松本荣一于 1937 年出版了《敦煌画研究（图像篇）》（东京：东方文化学院东京研究所，1937 年），本书内容包括对敦煌壁画中十余种重要的经变画，以及佛传图、本生图的图像考证，对一些特别的尊像图，如卢舍那佛、灵山说法图、炽盛光佛并诸星图、水月观音图、引路菩萨图、罗汉及高僧像等等都作了研究。此外还对密教图像各种曼荼罗乃至景教等非佛教图像进行了考察。这部著作对后来的敦煌壁画图像研究产生了重要的影响。此后，日本学者水野清一、长广敏雄、日比野丈夫、樋口隆康、秋山光和等陆续发表过有关敦煌石窟的研究论文。

二、中国学者在 20 世纪前半叶的调查与研究

伯希和劫走的敦煌文书曾于 1909 年在北京展示，引起中国学者的重视，并开始对敦煌文献进行记录、刊布和研究，但是对于敦煌石窟的艺术一直没有引起重视。

1938 年，画家李丁陇到敦煌临摹壁画，他是第一个到敦煌临摹壁画的人。1941 年，画家张大千到敦煌开始了为期近两年的临摹和调查。张大千为洞窟编号共编 309 号，并大致分出了洞窟的时代。在敦煌文物研究所的编号没有公布之前，张大千的敦煌石窟编号被学术界普遍采用。1942 年画家谢稚柳也到敦煌临摹壁画，后来写成了《敦煌艺术叙录》。

1940 年 6 月，中国教育部成立"西北艺术文物考察团"，由画家王子云任团长。1942 年 5 月，考察团成员陆续到达敦煌，分两个阶段在敦煌进行了近一年时间的考察，在敦煌临摹了大量壁画，并对洞窟进行考古性的记录，拍摄照片。成果主要有《敦煌莫高窟现存佛窟概况之调查》，并以各地考察收集的资料、照片、临摹品举办展览，引起社会的广泛关注。这一时期，中央研究院西北史地考察团的向达、夏鼐、劳榦、石璋如等学者先后到敦煌进行考古调查，夏鼐和阎文儒等不仅考察了敦煌石窟，还考察了敦煌周边的汉长城，并发掘了敦煌地区的古墓葬。此后，不断有艺术家和学者对敦煌艺术进行实地调查和临摹研究。向达于 1942 年参加由中央研究院组织的西北史地考察团，任考古组组长，从 1942 年至 1944 年开始对河西走廊及敦煌石窟、阳关、玉门关遗址作过考古调查。这些调查成果陆续发表后，引起了社会的强烈关注。其中，《论敦煌千佛洞的管理研究以及其它连带的几个问题》《论千佛洞的管理研究》等文章，对敦煌石窟的管理提出了更为具体的设想。

1944 年 1 月，中国政府设立敦煌艺术研究所，隶属教育部。研究所成立初期，在生活条件极其艰苦的情况下，所长常书鸿率领全所职工对石窟进行了基本的维修和保护，同时展开了考古和美术方面的研究，进行壁画临摹，对外展览，以宣传敦煌艺术。史岩编成《敦煌千佛洞概述》《敦煌石窟画像题识》，李浴则完成了《敦煌千佛洞石窟内容》《安西万佛峡

石窟志》等。可惜限于当时的条件，未能公开出版。敦煌艺术研究所的成立，标志着敦煌石窟无人管理的时代从此结束，对敦煌石窟有计划的保护与研究工作逐步展开。

三、20 世纪后期敦煌石窟的研究

新中国成立以后，敦煌艺术研究所于 50 年代更名为敦煌文物研究所，在壁画、彩塑的临摹、复制方面进一步走向正规化，同时对石窟的保护和考古研究也逐步发展起来。60 年代初，国务院拨专款对濒危状态的莫高窟崖壁进行了全面的保护加固工程，使莫高窟全部洞窟得到有效保护。南区 400 多个洞窟都修通了栈道。为配合保护加固工程，考古人员对洞窟南区的窟前建筑遗址进行了清理发掘，在南区窟前 380 米的范围内清理出 22 个窟前殿堂建筑遗址、7 个洞窟或小龛，在当时的底层洞窟之下又发现了 3 个洞窟，得知莫高窟的崖面洞窟分布上下有五层之多。窟前建筑遗址的清理对认识莫高窟营建史具有重要的意义。

20 世纪 60 年代初，敦煌文物研究所有计划地对洞窟的内容、时代作了全面的调查，对供养人题记进行校录。50 年代到 60 年代初对敦煌石窟研究的成果主要有：周一良、金维诺等学者运用佛经、变文、敦煌文献，对壁画与佛经、佛教和变文的关系作了深入探讨。王逊等学者则从美术史视野来看敦煌艺术的特点。此外，阎文儒《莫高窟的石窟构造及其塑像》、梁思成《敦煌壁画中所见的中国古代建筑》、宿白《敦煌莫高窟中的〈五台山图〉》等论文涉及到敦煌石窟构造、塑像及壁画中的建筑等问题。

20 世纪 60 年代后期到 70 年代，由于"文革"的影响，对石窟的调查研究几乎处于停顿状态。直到改

革开放以后，敦煌文物研究所于 1984 年扩建为敦煌研究院，加强了研究队伍，敦煌石窟的保护和研究得到突飞猛进的发展。20 世纪 80 年代是敦煌石窟艺术研究飞速发展的时代，出版了大量的图书，涌现了一大批研究成果。这期间，首先是由敦煌文物研究所编的《中国石窟·敦煌莫高窟》（1-5 卷，文物出版社，1981-1987 年）出版，与此同时，史苇湘主持编纂的《敦煌莫高窟内容总录》和贺世哲主持编纂的《敦煌莫高窟供养人题记》出版。这些重要著作都是凝结着几十年众多学者在敦煌艰苦努力的成果，成为学术界研究敦煌石窟的基本参考资料。90 年代又出版了《中国石窟·安西榆林窟》（包含西千佛洞）。

20 世纪 80 年代以后，中国学者对敦煌石窟的研究成果主要体现在三个方面：

1. 壁画图像的考证研究。这是参加的人数最多、取得成就最大的领域。敦煌壁画的内容十分丰富，从内容上大体可分为尊像画、故事画、经变画、民族传统题材画、佛教史迹画、供养人画像及装饰图案画七类。其中前五类内容非常丰富，对这些壁画内容的考证、定名，探索其来源，是敦煌石窟研究的基础工作。敦煌研究院的大部分专家都曾投入到这一领域的研究，如史苇湘、贺世哲、施萍亭、樊锦诗、李永宁、王惠民、殷光明等先生对敦煌壁画中的经变画、故事画的考证，孙修身、马世长对佛教史迹画的考证，都取得了不少重要成果。

2. 石窟考古和分期研究。以樊锦诗、马世长、关友惠、刘玉权为代表的学者们对敦煌石窟作了严谨细致的分期排年研究，分别发表了关于敦煌北朝石窟、隋代石窟、唐代前期石窟以及西夏石窟的分期研究成果。不仅对敦煌石窟作出了科学分期，而且把考古学应用于佛教石窟，为中国佛教考古研究提

供了方法论的参考。此外，潘玉闪等对莫高窟窟前遗址的发掘研究，彭金章先生对莫高窟北区石窟的清理调查，都取得了十分显著的成果。还有的学者对莫高窟现存崖面进行了全面的调查，研究莫高窟营建的历史。

3. 石窟艺术研究。以段文杰、史苇湘等为代表的学者对敦煌石窟美术发展历史、敦煌艺术的美学特征、敦煌壁画彩塑的艺术特点以及敦煌艺术与古代历史文化的关系等方面作了深入研究，发表了很多富有启发性的论文，后来分别集成了《敦煌石窟艺术论集》（甘肃人民出版社，1988 年）、《敦煌历史与莫高窟艺术研究》（甘肃教育出版社，2002 年）等著作。萧默、孙儒僩对敦煌石窟建筑及壁画中建筑画的研究，分别出版了《敦煌建筑研究》（文物出版社，1989 年）、《敦煌石窟保护与建筑》（甘肃教育出版社，2007 年）等著作。关友惠对敦煌壁画图案的研究，刘玉权对西夏及回鹘时期艺术的研究，万庚育、李其琼对敦煌壁画绘制技法的研究，王伯敏、赵声良对壁画山水画的研究等方面都取得了重要成果。

20 世纪 90 年代，敦煌研究院推出了大型图录丛书《敦煌石窟艺术》（共 22 册，江苏美术出版社，1991-1997 年），详细公布了部分重点石窟的图像资料。《中国敦煌壁画全集》（共 11 卷，辽宁美术出版社、天津人民美术出版社，1989-2006 年），按时代顺序全面介绍了各时期敦煌壁画的艺术特色与成就。《敦煌石窟全集》（香港：商务印书馆，1997-2005 年）则是在石窟考古和艺术、宗教文化诸领域研究的集成性著作。本丛书总有 26 卷，包括佛教类、艺术类和社会类三个方面的专题研究，均为当时最新研究成果。

20 世纪后半叶，欧美学者对敦煌石窟艺术的研究相对来说比较少，法国在伯希和去世后，学者们陆续整理伯希和带回的敦煌和中亚资料，其中包括《伯希和敦煌石窟笔记》（共六册），于 1980-1992 年间出版，中文译本则是在 1993 年由甘肃人民出版社出版。此书是对洞窟主要内容和题记的调查记录，为后来的研究保存了十分珍贵的资料。此外，由韦陀主编的《西域美术——大英博物馆藏敦煌艺术品》（东京：讲谈社，1982 年），刊布了斯坦因所收集的中亚和敦煌艺术品的大部分图录，其中还包括韦陀的论文和图片说明，体现了英国学者在敦煌艺术方面的研究成果。日本与法国学者合编的《西域美术——吉美博物馆藏敦煌艺术品》（东京：讲谈社，1994、1995 年）体现了部分法国和日本学者对敦煌绢画的研究成果。美国方面，则是在 80 年代以后，有部分学者参与敦煌艺术的研究，如冉云华、李铸晋、巫鸿、阿部贤次、胡素馨、王静芬等。

20 世纪 50 年代，日本的《佛教艺术》杂志就作过“敦煌佛教美术特辑”，其中水野清一、樋口隆康、冈崎敬和日比野丈夫等分别对敦煌塑像和壁画作了深入研究。70 年代以后，日本从普林斯顿大学获得了罗寄梅于 1944 年在敦煌拍摄的二千多张照片资料。这是继伯希和公布敦煌石窟图片之后最为丰富的石窟资料，促成了一些学者对敦煌石窟的研究，如秋山光和就取得重要的成果。80 年代后，秋山光和、日比野丈夫、东山健吾、百桥明穗等学者都分别从图像学和艺术史的角度对敦煌石窟艺术进行过深入的研究。另外，值得一提的是田中公明《敦煌密教与美术》（东京：法藏馆，2000 年）对敦煌艺术中的密教图像进行了较为深入的分析研究，是这一领域的重要成果。

90 年代至 21 世纪初，上海古籍出版社在出版了《俄藏敦煌文献》之后，又出版了《俄藏敦煌艺术品》，刊布了此前从未全面公开的俄罗斯收藏的敦煌艺术品。其中第5卷还出版了奥登堡探险队在莫高窟所绘的洞窟测绘图和部分壁画的临摹图，这些资料对于敦煌石窟的考古和艺术研究具有重要意义。

四、21 世纪以来的敦煌石窟研究

石窟考古是敦煌石窟研究的一项基础工作，这方面的重大成果，首推樊锦诗等专家著《敦煌石窟全集》第一卷《莫高窟第 266 ～ 275 窟考古报告》（文物出版社，2012 年），此书是敦煌石窟的第一本考古报告，主要内容是对洞窟内容作详尽而客观的记录，并探讨了洞窟主题与佛教信仰的关系，以及艺术样式的源流等。这部考古报告的特色还在于，刊出的测绘图、数码摄影拼图等都采用了最新科技成果。

莫高窟北区石窟经过全面考古发掘后，21 世纪初出版了完整的考古报告，此后，不断有学者利用北区考古成果或北区出土文物进行新的研究。《敦煌莫高窟北区石窟研究》（甘肃教育出版社，2011 年）一书，则是这方面的成果的汇总。

敦煌壁画图像的研究是敦煌石窟研究中参与学者最多，成果也较丰富的。如贺世哲对金刚经变、楞伽经变的深入研究，施萍亭对净土变的研究等。此外，张元林对法华经变的研究，殷光明对与华严经相关的卢舍那佛像的研究，王惠民对地藏图像的研究等等，都体现着新的研究进展。与密教研究相关，近年来学界对吐蕃占领敦煌时期的艺术十分关注，罗世平、张亚莎、刘永增等学者都取得了不少新成果。

美术研究方面，赵声良《敦煌壁画风景研究》（中华书局，2005 年）是对敦煌壁画中风景绘画的专门研究。此外，赵声良等学者还按年代顺序对敦煌石窟进行系统的美术史研究，完成《敦煌石窟美术史（十六国北朝卷）》（高等教育出版社，2014 年），这项成果的特色在于不仅对敦煌早期石窟发展史进行了全面的阐述，而且注重对印度、中亚佛教艺术的比较分析，揭示出敦煌早期石窟艺术风格的源流和发展。敦煌壁画艺术继承与创新的问题，也是美术研究中较受关注的，2007 年敦煌研究院主办了"敦煌壁画艺术继承与创新国际学术研讨会"，不少艺术家和学者参与这一问题的讨论。

敦煌服饰研究方面，包铭新等学者对敦煌壁画图像以及相关历史文献进行调查，获得对古代服装结构的认识，从而进行复原研究，制作出仿古的服装。尤其对古代吐蕃、回鹘、西夏、蒙古等民族服饰的研究和复原，取得了一系列成果。以赵丰先生为代表的学者们还从染织史、服装史的角度，对丝绸之路沿线特别是新疆等地出土文物进行的调查，并对一些代表性的服饰进行了复原研究。赵丰还对法国、英国以及国内各地所藏的敦煌丝织品进行了全面的调查，分别完成了《敦煌丝绸艺术全集》法藏卷和英藏卷（东华大学出版社，2007 年、2010 年）。

一百多年来，学者们从考古学、图像学、历史学、佛教学等方面做了深入的探讨。这些无疑为我们今天的研究打下了基础。而从艺术研究的角度来看，较多的图书和文章停留在对敦煌艺术的一般性介绍和分析，既缺乏从宏观方面对敦煌艺术作系统的、美术史的研究，也少有从微观方面对敦煌艺术某一领域的深入研究。相比敦煌学的其他领域，如敦煌历史研究、敦煌文学研究等方面，对敦煌艺术的研究还需要有更多的专家参与，需要更深层次的研究。

第二章 十六国北朝的敦煌石窟艺术

十六国北朝时期是莫高窟营建的第一个阶段，据考古学家的分期研究，现存石窟主要分为四期：(1)十六国的北凉(401-439)；(2)北魏(439-534)；(3)西魏(535-556)；(4)北周(557-581)。其中的年代与实际朝代更替有些差别，主要是以敦煌本地的实际情况来定的。

2-1 第268窟内景

第一节 北凉的石窟艺术

一、洞窟形制

北凉的三个洞窟中,第268窟是禅窟,第272窟平面为方形,窟顶近似覆斗顶,第275窟则是纵长方形盝顶窟。除功用目的不同外,可能在开凿时代上存在一点差异,但此三窟为敦煌石窟中时代最早的洞窟,已为学术界公认。三窟的洞窟形式及部分龛形在后代的石窟中都找不到完全相同之例。

1. 禅窟

第268窟是一个多室组合的禅窟(图2-1)。中央是一个纵长方形的过厅(268号),在后壁开一小龛,内有交脚佛像,窟顶为连续的浮塑平棋图案。南北两侧壁各开两个小室,南侧为267、269号,北侧为270、271号。小室的面积大体一致,是古代僧人禅修的地方。第268窟这一组禅窟最初可能仅用于坐禅修行,没有绘制壁画,后来才逐渐出现了塑像与壁画,现存壁画大多经隋代重绘。

多室组合的禅窟形式,源于印度的毗诃罗窟。毗诃罗(Vihara),指僧院、僧房,也称精舍。既是出家人起居生活之处,也是修行之所。从印度的王舍城和犍陀罗地区的塔克西拉等地的考古发掘来看,毗诃罗主要是多室组合的僧房。印度的僧房,通常在洞窟内后壁和左右侧壁各凿出几个小室,中央有一个大厅,是聚会的场所,每一个

小室则是各个僧人自己用的小室，如阿旃陀第12窟
等（图2-2）。类似的多室禅窟在库车的苏巴什遗址
和吐鲁番的吐峪沟石窟也能看到，敦煌第268窟明显
借鉴了龟兹和高昌的石窟建筑形制。莫高窟的禅窟，
除第268窟外，尚有北魏第487窟和西魏第285窟，
以及北区的B113窟、B132窟等。

2. 殿堂窟

第272窟和第275窟均可称为殿堂窟。 第272
窟是一个平面为方形的洞窟（图2-3），窟顶与后来
的覆斗形顶相似，顶部中央为方形藻井，浮塑叠涩式

2-2 阿旃陀石窟第12窟
（毗诃罗窟）

2-3 第272窟内景

井心，从最外层的方形边缘到中心，每一层的边框转45°角，共有三层叠进，内层比外层稍微上升一点，以表现其建筑上的叠压关系。第268窟顶部也是这样的叠涩式藻井形式。叠涩式藻井最早源于西亚和中亚的宫殿建筑，在巴米扬石窟中出现较多，印度的寺院建筑也可见到。在中国较早出现于东汉墓室顶部，但并不普遍。佛教石窟中，克孜尔石窟出现较多，以第272窟为代表的敦煌早期的这一藻井形式当来自龟兹等地石窟的影响。

第275窟平面为纵长方形，正面不开龛，正壁为大型佛像，窟顶为盝形顶，由于后代重修，最初的窟顶结构不甚明确，但大致可辨明顶部中央为纵长方形，四边有略向下倾斜的斜坡顶形式，并残存部分仿木构的椽子，应是仿汉式建筑的屋顶四披形式。这种洞窟形式在莫高窟仅此一例，以后的敦煌石窟中未见。

3. 佛龛

第272窟正面开一龛，龛形简洁，没有浮塑各种龛梁、龛楣等装饰物，只在龛沿上部画出仿束帛形式的龛梁，龛梁上部绘火焰纹龛楣，龛梁两头绘有饕餮纹。龛形较深，龛顶呈穹窿形，这种龛形为敦煌石窟所仅见。第268窟正壁的佛龛，也比较简素的，没有太多浮塑装饰，仅在龛沿外两侧绘出龛柱，上沿

2-5 阙形龛 第275窟南壁

画火焰纹龛楣。其中，龛柱的造型表现出希腊式柱头的特征，在敦煌石窟中仅此一例。第272窟佛龛顶为穹窿顶，顶部绘一个圆形的伞盖，周边有垂角纹，在倒三角形的垂角纹之间各绘一柱子，柱子形式同样表现出希腊式风格。

第275窟在洞窟两侧壁上部开有列龛，现存南北壁各有阙形龛2个，树形圆拱龛各1个。圆拱龛的佛龛两侧分别浮塑出一棵树，树冠部分向中央倾斜而代替了龛楣的形式，也称作双树龛（图2-4）。龛楣浮塑的树干和枝叶具有很强的装饰性，在龛的两侧和上缘都绘有火焰纹装饰，上部中央双树间有一个空隙，从而使龛缘形成一个尖形龛顶。双树龛的

2-4 双树龛 第275窟北壁

2-6 城阙 四川汉画像砖

形式在北魏洞窟也有表现。

阙形龛的基本形式为方形，两侧为一高一低的阙（图2-5），中央有稍低于双阙的屋顶形式。阙形龛是把汉式建筑中"阙"这一建筑类型用来作为佛龛的。"阙"起源很早，至迟在西周时期文献中已出现"城阙"一词，到东汉时，阙主要是作为一种礼制性建筑而存在。因此，阙在人们的心目中具有权力、级别的象征意义。汉代的画像砖中就可以看到大量城阙的形式，如四川扬子山出土的画像砖中有巍峨的阙形，也是两侧为较高的阙，中央有顶相连。[1]屋顶上还有一只凤凰（图2-6）。从敦煌、酒泉等地出土的魏晋墓葬来看，墓室的照壁往往以砖砌成仿阙的形式，显然是表现死者升到天国的天阙之意，这些都与汉代以来的神仙思想有关。

敦煌石窟中以阙来象征弥勒所居的兜率天宫，阙形龛中的交脚菩萨就是指居于兜率天宫的弥勒菩

1 重庆市博物馆：《四川汉画像砖选集》，北京：文物出版社，1957年。

萨。阙形龛内塑交脚菩萨，在北魏洞窟中十分普遍，壁面有上下层佛龛时，通常阙形龛都出现在上层。

北凉石窟遗存较少，仅三个洞窟，形制却各不相同，表明石窟的营建还没有形成统一的规范，而且这三个洞窟也不是在同一时间段开凿的。但三窟的洞窟形制、佛龛形式等都为后代的石窟营建提供了借鉴。

二、北凉的彩塑

彩塑是洞窟的主体，人们进入洞窟首先就要观瞻、礼拜佛像。第268窟为禅窟，观像也是修行时必须的。所以需要塑造佛像，以便禅观。第268窟现存彩塑佛像为交脚佛，坐于方形佛坛上，着偏袒右肩袈裟，双手已残，头部作高肉髻，发髻呈装饰性波浪状。第272窟佛像为倚坐佛，即双腿自然下垂的坐姿。此佛像头部有重修痕迹，身体着偏袒右肩大红袈裟，内着团花纹僧祇支。袈裟的衣纹以贴泥条的形式浮塑出来，佛座为简素的方台，佛的双脚踏一平台。比起第268窟的佛像，此窟佛像制作更为严谨精致。第275窟正壁塑交脚菩萨像，菩萨头戴三面宝冠，宝冠正面有化佛，项饰璎珞，上身半裸，下着羊肠裙，肩上有披帛，一手平伸于膝，一手上扬（残），交脚坐于双狮座上。座两旁各有一狮子，菩萨身后有倒三角形靠背（图2-7）。第275窟这身菩萨彩塑高达3.34米，是十六国北朝时期敦煌石窟中最高的塑像。由于塑像高大，本窟没有为主尊开佛龛，这也是敦煌石窟中独特之例。

第275窟两侧上部开列龛，阙形龛内均塑交脚菩萨，双树龛内为思惟菩萨。阙形龛内交脚菩萨的形象大体与主尊一致，也是上身半裸，饰璎珞，下着裙，肩有披帛，头戴三面宝冠，但宝冠中没有化

佛，仅在中央的圆盘上部有类似波斯
风格的所谓"三日月"装饰[2]。四个阙
形龛内的交脚菩萨形象大体相同，只
是手势稍有不同，有的一手上扬，一
手平伸，有的双手相叠在胸前，也
有的做转法轮印。双树龛中的思惟菩
萨坐于藤座上，北壁龛内的菩萨右
腿支于左膝上，左手抚右足，右手支
颐，右肘靠于右膝上。南壁龛内的
菩萨动作正与北壁相反。交脚菩萨表
现的是居于兜率天宫的弥勒菩萨。北
凉时期出现较多的弥勒形象，反映着
当时浓厚的弥勒信仰。交脚菩萨与思
惟菩萨的造型都是犍陀罗艺术的典型
风格。

从北凉时期的佛像雕塑来看，大
型佛、菩萨形象的制作技法已经十分
成熟，不论是身体的比例、衣纹的表
现，还是人物表情的刻画都达到了较
高的水平。对人物身体、衣饰各部位
乃至身后的倒三角形靠背，都具有立
体感和层次感，这一点与洞窟形制表
现出的初创期特征不同。表明敦煌一
地在石窟开凿之前已有相当多的佛像
制作，并且有较为规范的制作方法。说
明在北凉或者更早的时代，除了石窟
之外，一定还存在相当多的寺院，其
中必然有大量的雕塑与壁画的制作。

2 参见赵声良：《敦煌石窟北朝中菩萨的头
冠》，《敦煌研究》2005 年 3 期。

2-7 交脚菩萨像
第 275 窟西壁

2-8 说法图 第272窟北壁

三、北凉的壁画艺术

由于敦煌石窟的石质不适于雕刻,佛像以彩塑制作,壁画作为塑像的补充显得十分重要,洞窟中窟顶及四壁都绘满了壁画。北凉壁画的题材主要有四类:尊像画、佛教故事画、供养人画像、装饰图案画。正壁往往配合主尊彩塑绘出佛背光纹样,在佛身后或两侧绘出胁侍菩萨以及天人等形象。两侧壁的主要壁面绘说法图或故事画,其余的空间绘千佛或菩萨形象。窟顶绘出藻井装饰,第272窟顶部出现了天宫伎乐形象。供养人一般绘于正面或两侧壁下部。

1. 尊像画

尊像画是指佛、菩萨、天王等形象的绘画。佛像通常以说法图的形式来表现。第272窟主尊为彩塑

坐佛,南北两壁则画出两铺说法图[3],在说法图中央为佛结跏趺坐于方形佛座上,作说法印,佛两侧各有一身胁侍菩萨,菩萨身后各有二身佛弟子像,佛上部有伞形华盖和树,华盖的两侧各有二飞天(图2-8)。

第272窟南、北、东壁的大部分壁画都画出千佛

---

3 敦煌壁画中说法图、故事画或经变画的单位称"铺",而不说"幅"。通常说"一铺说法图"、"一铺经变画"等等,而不说"一幅说法图"、"一幅经变画"。"铺"的称呼唐代就有,如《历代名画记》有"西明寺,入西门南壁,杨廷光画神两铺……"莫高窟唐代第148窟的《大唐陇西李府君修功德记》中也有"素(塑)涅槃像一铺,如意轮菩萨、不空羂索菩萨各一铺,画报恩、天请问、普贤菩萨、文殊师利菩萨、东方药师、西方净土……等变各一铺"的记载。说明在唐代对佛教石窟中的塑像或壁画均称"铺"。用"铺"也为了有别于传统的卷轴画,壁画是全窟连在一起不可分的,某一铺则指其中的某一单元的内容。

2-9 胁侍菩萨 第272窟龛内南侧

的形象。千佛，包括过去世庄严劫千佛、现在世贤劫千佛、未来世星宿劫千佛，称为"三世三千佛"。千佛图像在龟兹石窟和开凿于420年的炳灵寺第169窟已大量出现，在敦煌壁画中也是各时期表现较多的题材。

第268窟佛龛内两侧各有二菩萨，一身站立，一身呈半跪状。通常把跪着的菩萨称为供养菩萨。佛龛外侧各有二身供养菩萨，上部各有一身飞天。南北两侧壁现存壁画为隋代重绘之千佛，从千佛下部隐约露出部分时代较早的壁画，可见早期壁画中有形体较大的药叉形象。第272窟佛龛内两侧壁各画一身体形较大的胁侍菩萨（图2-9），其周围又画出供养菩萨各六七身，菩萨头戴三面宝冠，上身半裸，下着长裙，身体呈S形弯曲，身旁的飘带也配合身体呈蛇形弯曲。这两身菩萨的动态反映了印度式的人体美特征。龛外两侧各有20多身供养菩萨，均坐于莲花座上，这些菩萨不同的手势及身体动态，表现出一种舞蹈的特征，使整个画面形成一种富有韵律的动感。

第275窟正壁也是在主尊交脚菩萨的两侧画出两身站立的胁侍菩萨，以及很多坐于莲台上的供养菩萨。比起第272窟的菩萨来，本窟的菩萨身体稍长，除西壁两身胁侍菩萨身体略呈S形弯曲外，大部分菩萨的动态不强。而在南北两侧壁上部，佛龛之间所绘的立姿菩萨身体更显僵直。

飞天是壁画中一个特殊的角色。佛经中在叙述佛说法的时候，常常会讲诸天前来歌舞或散花供养，在有关佛本生、本行等故事中，悉达多太子诞生、成长出家以至最后成佛等许多重要的场合，都会描写诸天人、天女赞叹歌舞或者散花的情景。如南朝（宋）求那跋陀罗译《过去现在因果经》中记载悉达多太子出家时写道（下划线为作者所加）：

于是诸天，捧马四足，并接车匿。释提桓因，势盖随从。诸天即便令城北门自然而开，不使有声。太子于是从门而出。虚空诸天，赞叹随从。

隋阇那崛多译《佛本行集经·妙转法轮品》叙述佛初次说法时：

尔时世尊，当转法轮……上界虚空，诸天聚集，作天音乐，唱天妙歌……

有的佛经用"仙人"，"天仙"这样的词来翻译佛教的"天人"概念，表明了译者受中国传统神仙思想的影响，把佛教的天人与中国传统的神仙联系在一起了。总之，佛经中讲的"天人""天女""仙人""天仙"等，在壁画中表现出来，就是我们今天所说的"飞天"。

第275窟北壁故事画中，在尸毗王本生图像上部，绘几身飞天或合掌作供养状，或扬手作散花状，与佛经的记载相符。第275窟的飞天，身体呈V字形，动作较单一。第268窟西壁佛龛两侧也各画出一身飞天，形式也与第275窟相似。相比之下，第272窟的飞天数量较多，变化较丰富。除南北壁说法图中各有4身飞天外，窟顶藻井的四角也画出4身飞天，身体大致呈V字形，两手张开，持飘带飞舞（图2-10）。窟顶东、南、北披共画出飞天17身，形成环窟顶向正壁佛像飞行的飞天行列。有的飞天一腿前跨，一腿在后，呈跨越之姿；有的身体前倾，一手前伸一手上扬，作散花之态。不同的动态，使画面显得十分活跃。在洞窟顶部藻井外的四周，还画有天宫伎乐的形象。天宫伎乐是指在天宫歌舞和奏乐的天人。壁画以连续的圆拱顶建筑表示天宫，下部还画出凹凸状的栏墙。每个圆拱形建筑中有一身天宫伎乐，或舞蹈、或奏乐。正是表现佛经所记弥

2-10 天宫伎乐与飞天　第272窟窟顶南披

勒所居兜率天宫的天人、天女奏乐、歌舞的情景。

在克孜尔石窟壁画中，也可看到这种以连续的圆拱形式表现的天宫，下部也同样是凹凸状的栏墙。这种具有凹凸感的栏墙形式，带有浓厚的印度古代建筑特征。敦煌壁画中的天宫栏墙就是来自龟兹艺术的影响。另外，这些伎乐独特的舞蹈动作和所持乐器如法螺、琵琶等，同样反映着西域舞乐的特征，表明了中西艺术的交流，对于音乐舞蹈史研究具有十分重要的意义。

2. 故事画

北凉壁画的故事画包括本生、本行和因缘故事。本生（Jataka）是指佛前世所做各种善行，本行是指佛现世的生平故事（也称佛传），因缘是指佛陀教化众生的故事。北凉壁画中只出现了本生和佛传两类故事画，都集中在第275窟。该窟北壁画出五铺本生故事，分别为：毗楞竭梨王本生、虔阇尼婆梨王本

生、尸毗王本生、月光王本生、快目王本生。

毗楞竭梨王本生故事表现毗楞竭梨王为求得婆罗门劳度叉说一偈言，不惜身命，让人在自己身上钉一千个钉子的故事。画面描绘毗楞竭梨王端坐中央，头上方左右两侧各画飞天一身，右侧画一婆罗门左手扶钉，右手挥锤，正在向毗楞竭梨王的胸部钉钉。毗楞竭梨王的胸腹双臂上，有用石绿色画出的锥形钉状物若干个。毗楞竭梨王左膝下画一眷属，单腿而跪，右手遮面作痛哭状（图2-11）。

其余的几个本生故事画都是讲述为求得佛道而忍辱牺牲的精神，反映了早期佛教注重修"六度"的思想。所谓六度，也称"六波罗蜜"，包括：布施、持戒、忍辱、精进、禅定、智慧。波罗蜜，译为度，就是到达彼岸，达成理想之意。六度，就是大乘菩萨成就佛道必须实践的六种德行。

佛传是讲述释迦牟尼一生的故事，内容很多，在

印度和犍陀罗的雕刻中，往往会选取一些典型的情节加以表现，如"四相"、"八相"就是选取佛传中的四件或八件重要的事迹加以表现。莫高窟第275窟南壁即是表现悉达多太子出游四门，分别遇见老、病、死者及僧人，因而感悟人生之苦痛，决计出家修行之事。

本窟南壁能看到三组画面，各有一城阙，西起第一二组画面，表现有人骑马从城中出来，旁边绘歌舞作乐之人，在城的一侧分别有老人和僧人。东侧的画面中画一城门，一人骑马而出，前面一人合十、一人弹琵琶，又画一老人穿犊鼻裤、裸上身、白发苍苍，老人前跪一人。这是表现佛经中所记：太子出城时，见一老人，太子问侍从："他是何人？为何如此可怜？"侍从答："此是老人，无论贫贱富贵，人人都会像他一样变老。"太子顿感人生之苦。第三组画面只看到与前二组类似的作乐之人，主要人物的形象已看不清。第四组则大部分损毁。据第一、二组的内容推断，本窟南壁中部的画面，表现的应是太子出游四门的故事。

值得注意的是，画面中的人物着装均为印度式，上身半裸，下

2-11 毗楞竭梨王本生
第275窟北壁

2-12 第275窟北壁 供养人

着长裙。但其中表现的城门，则完全是中国式的城
阙建筑。说明在敦煌初期石窟中，印度等外来因素
与中国传统文化并存的状况。

3. 供养人画像

出资造窟者称为供养人，壁画中往往画出供养
人的画像。北凉时期的供养人画像很小，大多已漫
漶，第268窟西壁存数身供养人，由于褪色、剥落等
原因，较模糊。仅能看出服饰大体为汉式的交领大
衣。第275窟北壁绘一列供养人达三十多身，最前端
有二人持长角吹奏。供养人大部分已模糊不清，但在
20世纪90年代移开宋代隔墙之后，露出部分供养人
像，还保存相对清晰的色彩与线条，供养人着胡服，
双手合十奉莲花，意态恭谨（图2-12）。

4. 装饰图案

北凉的装饰图案，主要是窟顶的藻井、佛背光、
头光以及各种边饰，多为忍冬纹、火焰纹、莲花纹，
也有少量的几何纹、三角形垂帐纹等。

窟顶藻井和平棋是较集中的装饰图案，第268窟
窟顶以浮塑的形式做出连续的平棋方格，每一方格
内方形井心向内叠涩进三层，每一层内部的方形都
作45°转角，并层层叠进，这是仿建筑叠涩的形式。
第272窟窟顶中心的藻井也是这样叠涩的形式。这
两窟的窟顶藻井都以浮塑来表现，更富有建筑特点。
第268窟的平棋图案相对较为简单，平棋的中心有
圆形大莲花，周围的岔角表现侧面形的莲花或飞天。
第272窟藻井装饰十分华丽，有不同表现形式的忍冬

2-13 藻井 第272窟 窟顶

2-14 佛光图案 第272窟

纹作边饰，中央为圆形的莲花，岔角分别有火焰纹及飞天。在井心向上凸进形成的侧壁，还画出垂角纹样（图2-13）。

为了表现佛和菩萨等的神圣，在佛陀、菩萨、天王等形象的身后都要画（或塑）出光环，称为佛光。我们又按所在位置分为背光与头光。第272窟的佛光图案（图2-14）包括头光与背光两部分，头光分出5层，分别用石绿、土红等颜色形成变化，分别画出火焰纹和千佛；背光也有五层，分别有忍冬纹、飞天和火焰纹。背光顶部通常为尖形，大约为了表现火焰的样子，把飞天画在背光里，内地的石窟中最早见于炳灵寺169窟，在北魏的造像碑中也较常见。

第272窟龛内华盖的纹样较为独特，中央为圆形图案，四周以三角形表现垂帐纹，在垂帐纹之间分别画出柱子形式。这样的华盖在莫高窟仅此一例。第275窟南北两壁下部也画有三角形垂帐纹，纹样与第272窟华盖的形式一致。第275窟在主尊背后的倒三角形靠背上画出方格几何纹，表现出织物纹样的特点。在同窟南北壁阙形龛的柱子上也有几何纹、散花、鸟羽等纹样。

5. 小结

莫高窟北凉壁画中人物的描绘采用了西域式的表现手法。从身体结构、面部造型等方面看，与克孜尔壁画一脉相承。在晕染方法上，第272窟与第275窟有一些差别，但总的来说，还是在承袭西域风格中，画家所体现出的差异。以西域式晕染法表现人体各部位的明暗关系，这一点是相同的。从第275窟描绘菩萨的线条来看，不完全是来自西域的所谓"铁线描"，而与炳灵寺第169窟壁画线描法更为接近。可看出仍是汉晋传统的画法。北凉壁画中

佛、菩萨等佛教形象都是采取西域式的画法，供养
人则往往采用传统人物画的方法，从第275窟北壁
部分较清晰的供养人形象看，体现出朴实敦厚的精
神。用线描勾勒，色彩单一甚至不敷彩，反映了本
土艺术的某些特征。

在早期犍陀罗艺术中，本生故事也多为单幅构
成，一个画面表现一个故事。这种形式在克孜尔石窟
更为常见，克孜尔石窟大多是在窟顶的菱格形画面
中分别表现佛经故事，也有一些洞窟是在侧壁以方
形的画面表现故事。莫高窟第275窟的快目王施眼、
尸毗王割肉等本生故事以及佛传的题材，在克孜尔
壁画中也较多见。莫高窟第275窟的本生故事、佛
传故事的表现手法，主要还是来自西域的影响。当
然，在南壁的佛传故事中，城楼的形式完全是汉式
建筑，反映了画家是以汉族的习惯来表现外来的佛
教故事。

北凉时期的装饰图案纹样较为丰富，出现了莲
花纹、忍冬纹、火焰纹等。忍冬纹，国外学者多称
为莨苕纹（Acanthus）或棕榈叶纹（Palmette），最早
源于古埃及和两河流域，可能是以棕榈树叶抽象化
变形而成，在古希腊的建筑和陶器装饰上采用得很
多，后来经中亚随着佛教艺术而传入中国。在克孜
尔石窟壁画中出现很多。敦煌北凉壁画中的忍冬纹
样，已有多种变形和组合形式，第272窟窟顶藻井
中，主要有单叶波状忍冬纹、双叶波状忍冬纹、四
叶连续忍冬纹、双叶环抱忍冬纹等等，明显表现出
与克孜尔石窟的传承关系。第275窟主尊交脚菩萨
后面的倒三角形靠背，画出方格形几何纹。同窟南
北两壁阙形龛的龛柱上，也画出一些方形、菱形或
羽毛形几何纹，这些图案大多能从中亚的装饰纹样
中找到其原型。

第二节　北魏的石窟艺术

敦煌北魏石窟可能营建于北魏中期以后，大约
为和平六年（465年）以后到太和十九年（495年）。
与北凉石窟相距较长的时间，所以，北魏诸窟与北凉
石窟不论彩塑造像还是壁画艺术都存在较大差异。
北魏时期共有12个洞窟，包括第259、254、251、
257、263、260、265、487、431、435、437、248窟。
其中，大部分洞窟为中心柱窟，仅第487窟为多室禅
窟，265窟经后代重修，已看不到北魏时代的原貌。

一、北魏石窟的形制

中心柱窟是北魏时期最流行的洞窟，中心柱窟
的特点是：主室平面呈纵长方形，洞窟中央靠后部
有一座象征着佛塔的方柱，上部与窟顶相连。方柱四
面开龛造像，一般在正面开一大龛，其余三面分上
下层各开一龛。中心柱占据了洞窟后部的主要空间，
环绕中心柱形成一个迴廊，以供信众环绕塔柱右旋
观瞻和礼拜。洞窟前半部较为开阔，顶部为中国式
的人字披顶，后部为平顶。中心柱窟往往在门上部
有明窗，用以采光。莫高窟第251、254、257窟都是
较为典型的中心柱窟（图2-15）。

中心柱窟的形式可以追溯到印度的支提窟，但
完全印度式的塔庙窟在中国几乎没有出现过。在新
疆的龟兹地区以及中原地区各自形成了不同的塔庙
窟。甘肃河西地区的天梯山石窟、马蹄寺石窟、金
塔寺石窟等时代较早的石窟均为中心柱窟，但其中
心柱均为方形多层佛塔形式。既不同于龟兹地区也
与中原地区有别。敦煌石窟的中心柱窟形式是从河
西中心柱窟发展而来，并使之更加规范了。特别是
在中心柱窟与人字披顶相结合的形式，是敦煌石窟

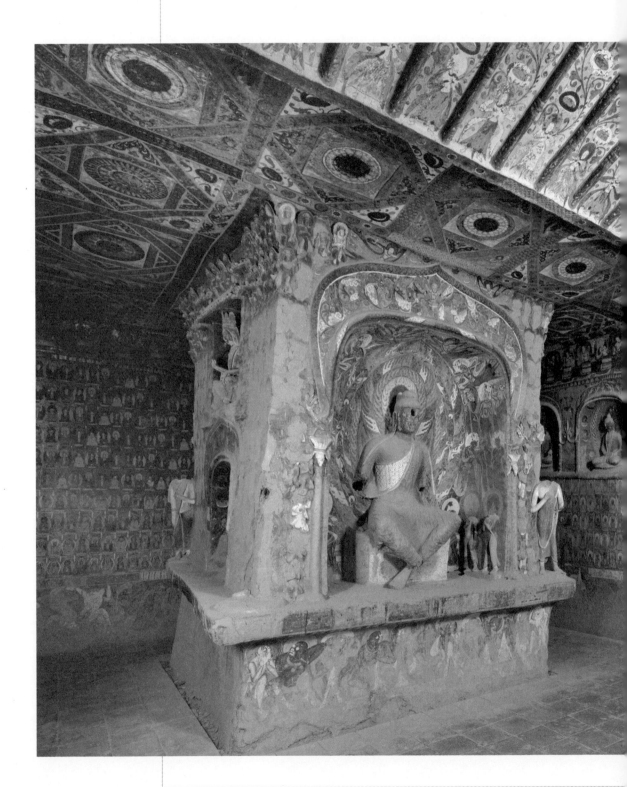

2-16 第254窟中心柱正面龛（线描，马玉华绘）

中心柱窟特有的形制，表明敦煌一地汉文化之深厚。

北魏晚期中心柱窟出现了一些变化，第248窟中心柱南、西、北三面不是上下层龛而仅各有一龛。除了中心柱正面的主龛外，其他的佛龛结构与装饰都有简化的倾向。

北魏以后，佛龛的形式渐渐形成一定的规范。大的佛龛，特别是一个洞窟的主龛，一般都要浮塑出龛梁、龛楣和龛柱，并在其上彩绘各种图案。龛梁的两端塑出龙首或别的兽首形装饰。龛柱也在柱头加束帛等装饰形式。龛楣所绘的装饰图案趋于丰富，较多地绘制忍冬、莲花、化生及火焰纹形象。如第254窟中心柱正面的佛龛，龛梁的两端各有一个龙首，龙回首向上，造型非常生动（图2-16），而浮塑的龛梁

2-15 莫高窟第254窟内景

正可看作是龙的身体。龛梁上部的龛楣中央绘出一个化生正从莲花中出来，两侧绘翻卷的忍冬纹，龛楣的边缘绘火焰纹。这样的龛楣图案是北魏到西魏时期的流行形式。龛柱也是浮塑出来的，其上部仿佛是用一块布覆盖然后用线扎住的样子，称之为"束帛"装饰，这样的形式是北朝龛柱经常采用的。北魏的阙形龛基本上沿袭北凉时代的样式，只是部分阙形龛在龛内增加了帷帐形式（第257窟），更趋于生活化了。

二、北魏的彩塑

北魏的石窟主要是中心柱窟，彩塑一般安置在中心柱四面的龛内，以及左右侧壁的列龛中。中心柱正面龛为洞窟的主龛，里面有较大的彩塑佛像，其余的龛较小，有的洞窟有上下两层龛，上层龛多为阙形龛，塑交脚菩萨或思惟菩萨像，下层龛为圆拱龛，塑佛像。第254窟除了在中心柱四面有龛外，南北两侧壁上部还开有列龛。第263窟也在南北两侧壁开有小龛，其余的中心柱窟大体只在中心柱四面开龛塑像。

北魏的主尊像多为坐佛像，坐式有交脚坐、倚坐和跏趺坐。只有第259窟龛内为释迦多宝二佛并坐像，二身佛像均为游戏坐式，一条腿屈于佛台上，一条腿自然垂下。第254窟的主尊造像为交脚坐式，高1.90米，身体比例准确，发髻呈波状，面部曾贴金，现已部分脱落。双手手臂以下部分残毁。身着大红色偏袒右肩袈裟，胸部露出质薄贴体带花纹的僧祇支，袈裟的下摆还在脚后的佛座上呈扇形展开。第251窟、257窟、435等窟的主尊佛像为倚坐佛，袈裟的形式与第254窟佛像一致。以上的佛像，身体饱满圆润，富有立体感，袈裟均以贴泥条的形式表现富有装饰性的衣纹，这样的视觉效果与云冈石窟佛像

雕刻十分接近。这些佛像的袈裟形式多为偏袒右肩式袈裟，但与印度的偏袒右肩袈裟有所不同，右肩并不是完全裸露在外，而是袈裟有一部分搭在右肩上，沿右臂绕下，最后搭在左肩上。这样的袈裟形式是从犍陀罗雕刻的样式发展而来的，最初应是受到古希腊艺术影响的产物，经凉州地区吸取并改革之后，就流行开了，在炳灵寺第169窟就有这样的佛像，也见于北凉石塔，后来在云冈石窟中也十分流行。

第260窟主尊同样为倚坐佛像，袈裟以细密的阴刻线来表现衣纹，改变了那种模仿石雕的形式，而更为写实，且体现出泥塑本身的质感特点。这样的表现形式，也见于第248窟正面龛中的佛像。第259窟南北两侧壁龛内的佛像以及各中心柱窟中主龛以外的小龛中的坐佛，大体也是以这样的手法制作的。衣纹以细密的阴刻线表现，身体相对较扁平，但面部表情的刻画也相对细致，如第259窟北壁东侧下部龛内的佛像结跏趺坐，着通肩袈裟，双手置于腹前，全身好像包在袈裟里，显得很完整，仅以细细的阴刻线表现袈裟的衣纹（图2-17）。头微向下倾，目光下视，嘴角露出一丝微笑，全身的静态更衬托出眼、嘴的微小的动作，从而体现出一种出自内心的笑容。同窟的其他佛像面部表情也有同样细微的处理。

第260窟和248窟等中心柱窟中都塑有苦修像，表现释迦牟尼成佛前的苦修状态，从削瘦的面庞、突出的锁骨等方面表现出清瘦的特征，双目的表情和全身的精神，依然体现出一种神采。

菩萨像依然有类似北凉洞窟的交脚菩萨与思惟菩萨。胁侍菩萨像增加则是北魏以后彩塑发展的一个趋势。以佛为中心，三身、五身或七身成组的佛像逐渐增加，即使是交脚菩萨两侧也塑出小型的胁侍菩萨立像（第254窟）。第260窟由于中心柱较大，

胁侍菩萨塑在佛龛外,有的龛外各有两身胁侍菩萨。胁侍菩萨均为立
像,身体扁平、修长,后背紧贴墙壁,具有浮塑的效果。

北魏的彩塑中还出现了天王(或金刚)的形象,第257窟中心柱
正面龛北侧保存一身天王像,南侧
的天王已失。天王着铠甲,头冠已
失。这是北魏石窟中最早出现的天
王彩塑。在北魏晚期的第435窟中心
柱正面龛的两侧还保存着两身金刚
力士的形象,通常我们把身着甲胄
的金刚形象称为天王,而把未着甲
胄,赤裸上身的金刚形象称为力士。
因为身着铠甲的天王与后来石窟和
寺院中出现较多的四大天王形象一
致。在早期佛教艺术中,作为护法
之神,都与金刚或执金刚神有关。

北魏洞窟除了佛像及胁侍像
外,在中心柱的四周还贴满了影塑。
影塑是指模造的小型塑像,内容有
菩萨、天人等,模造之后贴于壁上,
最后施以彩绘完成。由于时代久远,
大部分洞窟的影塑已毁。北魏前期
的第251、254、260等窟中心柱四面
的影塑,形象大体一致,多为胡跪
的天人形象,或双手合十、或持花、
或双手抱膝,天人束发无冠,有头
光。在北魏晚期的第435、248窟除
了传统的胡跪天人形象外,在正面
龛上部中央有一佛二菩萨或者二飞

2-17 佛像 第259窟北壁

天的影塑,这是单独为特别的位置制作的影塑。第437窟的影塑天人
(飞天)则表现为飞动的样子(图2-18)。从这些飞天的形态及服装
样式上可见云冈石窟浮雕的风格特征。

2-19 说法图 第251窟北壁 北魏

三、北魏壁画的题材与布局

北魏石窟壁画的设计出现了新的气象，壁画的结构也形成一定的规律性。窟顶前部人字披的两披，一般都仿木构建筑的样式，浮塑出椽子，并在椽间绘出莲花、飞天等形象，第257窟和北魏晚期的248窟还把人字披顶中央变成一道平顶，在其中绘出平

棋图案。洞窟后部平顶画出连续的平棋图案，四壁上部绕窟一周画天宫伎乐形象。在南北两壁前部人字披下面通常都画出两铺规模较大的说法图，南北两壁的主要壁面表现佛教故事画，南北壁及东西壁较大的壁面通常画出千佛。四壁的下部及中心柱四面的下部画药叉（金刚力士）。洞窟仿佛就是一个佛国世界的缩影，进入洞窟，就像进入了佛国世界。

2-18 影塑飞天 第437窟 中心柱正面

2-20 药叉 第254窟西壁 北魏

1. 尊像画

北魏时期的佛像仍然是以说法图为中心。第251窟北壁人字披下的说法图，佛像较大，佛两侧胁侍菩萨体形也较大，在胁侍菩萨旁边还各有一身体形较小的菩萨像，菩提宝盖两侧的飞天也各有二身（图2-19）。第257窟北壁人字披下部的说法图规模较大，人数众多，由于东侧塌毁，不能确知画面情况，但残存部分在佛像右侧尚存三排菩萨，每一排有5身，上部的飞天也有8身。如果佛像两侧是完全对称的话，估计这铺说法图中菩萨和天人形象超过了40身，可能是早期说法图中人数最多之例。

第263窟南壁还出现了三佛说法图，这是早期壁画中唯一的一例。画面中央为三身立佛，两侧各有一身胁侍菩萨，上部两侧各有一身飞天，表现的是三世佛的题材。总之，北魏洞窟的说法图出现了多种表现手法，在中心柱及各壁佛龛中，也配合彩塑的佛像，在龛内画出大量的菩萨、天人形象。表现出较为热烈的气氛。

北魏壁画中的菩萨较少单独出现，一类是作为佛像的胁侍，如佛龛中有彩塑佛像，则在壁画中绘出胁侍菩萨。或说法图中，于主尊的两侧绘出两身胁侍菩萨，体形往往较大，其他的菩萨则形象较小。另一类是供养菩萨，往往以群体的形象出现。第263窟北壁的鹿野苑说法图，在佛像两侧画出很多供养菩萨，都作舞蹈的姿态。菩萨通常头戴三面宝冠，头后面有头光。上身半裸，下着长裙，项饰璎珞，臂饰臂钏，手腕上有手镯等装饰，还有飘带从双肩披下。还有一类菩萨是没有头冠，上半身几乎没有装饰物，仅有飘带在双臂间环绕而过。在印度，菩萨本来具有两重身份，一是贵族身份，一是修行者身份。作为贵族，衣饰华丽，佩带璎珞及各种装饰；而作为修行者，只有一领袈裟，束发不戴头冠。敦煌北魏壁画中不同服饰的菩萨，显然也反映出印度或者中亚的影响。

药叉，即金刚力士，是佛国世界的护法神。在古代印度，药叉是树神、地神、山神、丰穰之神。药

叉叉分男性药叉（Yaksa ）和药叉女（Yaksi），特别是药叉女为地母
之神，有丰穰与繁殖之神的意味。在佛教产生之前，药叉信仰在印
度就有深厚的传统。佛教产生后，也把药叉作为守护之神，在巴尔
胡特和山奇大塔的雕刻中，药叉的
形象往往雕刻在大门的两旁，具有
守护神的性质。药叉的形象传入中
国，一般都是作为守护者的形象出
现，表现为肌肉丰满、力量充沛的
勇健形象。在敦煌北魏石窟中，药
叉基本上是固定在洞窟四壁和中心
柱四边的下沿，药叉下部还画出山
峦和河流（图2-20）。表现药叉守卫
佛国世界，具有护法镇邪的意义。

　　在北魏的中心柱窟中，四壁的
上部与窟顶相接的地方，常常画出
天宫中歌舞的天人，这在北凉的第
272窟已经出现，而在北魏则形成了
规范的形式，每个洞窟都在四壁上
部绕窟一周绘天宫伎乐。天宫建筑
的形式，通常都把西域式的圆拱形
建筑与汉式屋顶的形式相间画出，
反映了汉民族建筑形式对外来艺术
的改造。这一时期伎乐演奏的乐器
也极大地丰富了，琵琶、箜篌、法
螺、腰鼓、横笛、竖笛等等，特别
是琵琶、腰鼓等，都有很多不同的

2-21 飞天
第248窟人字披顶 北魏

形式。在北魏前期的第254、263等窟的人字披上，画出天人和莲花
形象，也有的画出莲花中出现小小的人形，表现从莲花中化生的形
象。而在北魏后期，一般在人字披上画出飞天的形象，如第248窟、
435窟等人字披顶上下部画出莲花图案，上部画出一个个轻盈飞动的
飞天（图2-21）。

2-22 萨埵本生故事 第254窟南壁

2. 故事画

北魏壁画中，本生、因缘、佛传三种类型的佛经故事画都出现了。本生故事有萨埵本生、尸毗王本生、鹿王本生；因缘故事有沙弥守戒自杀、须摩提女请佛等；佛传故事有鹿野苑初转法轮、降魔变等。

萨埵本生讲的是古印度宝典国国王有三个王子，最小者名萨埵。一天，萨埵与二兄到树林间游玩，返回的路上，见到一只母虎和几只幼虎饥饿得躺在地上奄奄待毙，兄弟三人皆生恻隐之心，但却想

不出救助它们的办法，因为老虎只吃新鲜血肉，不吃别的东西。萨埵太子决心用自己的躯体来拯救这些饿虎，他让两个哥哥先走一步。自己返回饿虎旁边，让虎吃他。但虎已经饿得无力咬他。萨埵登上山岗，以树枝刺破喉咙，从山岗上跳下去，血流虎旁。虎先吸食他的鲜血，然后把他的肉吃掉。萨埵二兄发现弟弟不在，急忙返回寻找，只见一堆白骨，他们知道萨埵已经舍身，便匆匆回家告知父母，国王和王后得知萨埵已死，非常悲痛，就在萨埵死的地方，

2-23 鹿王本生（局部） 第257窟西壁

造塔供养。萨埵本生故事绘于第254窟南壁。采用异时同图的方法，在一幅画中表现五个连续发展的情节，完整地表现出故事的全过程（图2-22）。

鹿王本生故事讲述古代印度的恒河岸边树林中，生活着一只美丽的九色鹿。一天，有人失足落水，大声呼救。九色鹿奋不顾身地跳入急流，救起溺人，溺人感激，长跪谢恩。九色鹿说："不用感谢，只希望不要把我所在的地方告诉别人，人们贪图我的皮毛，会加害于我。"溺人允诺发誓而去。那天夜里，王后梦见一只美丽无比的九色鹿，醒来后便要求国王去捕猎九色鹿，用鹿皮给自己做衣服。于是国王宣令：有告知九色鹿踪迹者，赏以重金。溺人见利忘义，贪图重赏，便到王宫告密。第二天，溺人带着国王的兵马，来到了九色鹿所在的树林。九色鹿正在午睡，好友乌鸦把它叫醒。这时国王的

军队已将它包围，九色鹿四面张望，见到溺人，顿时明白原因。它从容不迫地走到国王面前，向国王讲述救起溺人的经过。国王听后非常感动，想到一只鹿竟有如此情义，当即下令全国不允许捕杀九色鹿。溺人遭到报应，身上长满了毒疮。这个故事画在第257窟西壁，采用长卷式构图，表现（1）溺人落水、（2）九色鹿救溺人、（3）溺人跪鹿前谢恩、（4）王后要求国王捕鹿、（5）溺人告密、（6）国王出行捕猎、（7）九色鹿在国王前告知始末等情节（图2-23）。

佛传故事主要有降魔成道、鹿野苑初转法轮及乘象入胎、夜半逾城等。其中降魔成道的场面在艺术上颇具特色。故事讲魔王波旬听说释迦牟尼就要成道了，担心对他不利，非常害怕，于是派遣魔军向释迦牟尼大举进攻。但佛陀已成金刚之身，一切攻

击都归于失败。波旬有三个美貌的女儿，他让这三个魔女以美色来诱惑，企图破坏佛陀的道行。佛以神通力将三个美女变成了丑陋老妪。波旬无计可施，只得皈依佛门。降魔成道是佛传中的一个重要情节，也称降魔变，在犍陀罗雕刻和西域壁画中多有表现，莫高窟北魏第 263 窟北壁、254 窟南壁均绘制了降魔变，特别是第 254 窟南壁画得场面宏大，人物众多，夸张地表现众魔军的丑态，表现十分生动。

3. 供养人画像

由于大部分洞窟残毁或经重修，北魏的供养人画像保存较少。在第 263 窟东壁和南北壁的东侧部分，由于表层宋代壁画揭开，得以看到北魏供养人画像的状况。供养人的服饰为汉式特征，与北凉时期的那种具有北方少数民族特征的袴褶有别。

4. 装饰图案

北魏的洞窟基本上都是中心柱窟，装饰风格非常一致。通常中心柱四面开龛，塑佛像，四壁上部绘千佛，下部主要壁面绘佛说法图或佛经故事画，最下部为药叉。装饰图案主要集中在窟顶前部人字披两披、后部平顶、佛龛的龛楣以及佛像后面的背光中。佛龛中的背光图案，特别是正面龛主尊佛像的背光描绘得细腻精致，层次丰富。主尊佛龛外上沿的龛楣图案，一般表现莲花化生的形象，莲花与忍冬纹组合在一起，化生的形象也随着图案的变化，或朝上或朝下，富于变化。洞窟的前顶是人字披形，两披浮塑出或画出椽子，在椽子之间画供养菩萨和曲茎莲荷。后部平顶绘平棋图案，平棋通常作三层叠涩，中央绘一大朵莲花，四周饰以忍冬纹和其他纹饰，叠涩形成的岔角绘火焰纹或莲花纹，外层的岔角多绘飞天。在平棋图案之间，有时会表现莲花飞天以及动物纹样。

四、北魏壁画的艺术特色

1. 人物画艺术

北魏的人物画，线描多为铁线描法，色彩以石青、石绿与土红相配合，具有明朗而强烈的效果。北魏菩萨的造型，身体修长，头部微低，腰较细，立像往往朝一个方向挺立，双腿分开，站得较直。代表作有第 263 窟南壁三佛说法图中的菩萨（图 2-24），第 251、435 窟说法图中的胁侍菩萨等。北魏晚期，菩萨的衣裙、飘带的顶端形成的尖角变得越来越尖，衣纹更流畅而富于动感。第 254 窟北壁的尸毗王本生故事画中，以西域式画法表现的尸毗王形象（图 2-25），其身体略呈"S"形弯曲，手与足的姿势，都体现着印度式的人体美，特别是面部表情沉静、从容，表现出尸毗王慈悲与宽容的精神，从身体动态和面部表情的细腻刻画中揭示出人物的内心深层世界，是西域式人物画的优秀之作。

北魏壁画的人物造型在接受外来影响的基础上，逐渐进行改变，如人物结构与比例，在第 251、254 窟较多地保持着西域式的画法，晕染方法是按人体结构，分解成一定的块面，分别进行晕染，从而表现人体的基本结构特征，并通过色彩的晕染表现出立体感。但在 257、431、435、248 等窟，人物的身体渐渐拉长，肌肤部分的晕染逐渐形式化，比起真实的人体结构，画家更关注人物形体飘逸的动态、流畅的线条，这一点在飞天的表现上更为突出。

第 257 窟中心柱正面佛光两侧上部各有二身飞天构成一组，上面的一身飞天扬起两手，应节而舞，身体似乎在向下落；下面的飞天一边弹奏琵琶，一边仰头悠然地向上升起（图 2-26），两身飞天相互动作协调，一上一下、一强一缓、一动一静，尽管身体仍显僵直，却给人以优美的感觉。在敦煌壁画中，这种两身一组的飞天被称作"双飞天",画家通过两身飞天不同动态的有机结合,表现出比较完美的动态。第257窟北壁说法图上部的一组飞天共八身,除一身穿袈裟外,其余的均裸上身,着长裙,向着佛飞行。这是敦煌北魏石窟中少有的成群出现的飞天,他们姿态各不相同,飘带和衣裙随风飘舞,呈现一种满壁风动的效果。

在菩萨和天人的表现上,身体的动感以及衣饰、飘带形成的流动感,往往超越了人体表现的真实性,反映了中国式的审美意识在悄悄地起作用。北魏的菩萨形象都是上身半裸,仅有璎珞、披巾装饰。但画家避免了印度和西域式的那种丰乳、大臀的造型,苗条、纤细、飘逸,与汉画中表现女性的手法是一样的。有的菩萨头与身体的比例达到1∶8甚至1∶9的程度,身上的飘带则多呈"S"形反复弯曲,这种身体和衣裙的表现已非写实,具有强调形式美的装饰倾向。

2. 故事画艺术

第254窟的几幅故事画代表了单幅多情节构图的成果。这个洞窟的四幅故事画都采用方形的

2-24 胁侍菩萨 第263窟南壁

画面，一个画面之中表现很多情节，较为详细地表现
出故事的主要内容，如萨埵本生故事，共描绘七个情
节：故事的开端、萨埵与二位兄长出游、遇见老虎，
这一情节置于画面的中部，右侧刻画了萨埵刺项、跳
崖、饲虎三个连续性的情节；左侧画出亲属悲哀、抚
尸痛哭以及造塔供养等场面。各个情节的处理，有轻
有重。画家紧紧抓住萨埵饲虎这一故事发展的高潮，
并相应地刻画了刺项、投崖而组成一个连续性的场
景。把萨埵勇敢刺破喉咙、从山崖上跳下、躺在老
虎旁边这一过程表现出来。饥饿的老虎贪婪地吞食
萨埵太子这一场景占了较大的画面，突出地表现了
萨埵为拯救生灵而不惜牺牲生命的崇高精神。

　　第254窟的尸毗王本生、降魔变等也具有单幅多
情节的特征。采用了中轴对称的构图，以突出释迦
牟尼的形象。如降魔变，佛在中央结跏趺坐，表情
沉着镇静，周围众多的魔兵向他大举进攻。这些魔
兵牛头、马面，奇形怪状，有的呲牙咧嘴，有的张
口呼叫，手执各种兵器，气势汹汹地杀向佛陀（图
2-27）。这些魔鬼形象，实际上是把兽与人的形象组
合在一起，使之表现出狰狞、凶恶、丑陋等方面令人
恐怖的形象。对魔鬼的塑造也表现着画家的想象力
和表现力。画面下部，一侧画三个美貌的魔女，搔
首弄姿，作出百般媚态；另一侧画三个丑陋的老妪，
表情尴尬无奈。画家通过描绘周围众多骚动不安的
人物来衬托释迦牟尼心境的平静。北魏第260、263
等窟的降魔变均采用同样的表现方法。

　　长卷式故事画的出现，在美术史上具有重要意
义。第257窟鹿王本生的顺序是从两头开始，到中
央结束。画面左侧描绘九色鹿救起溺人、溺人长跪
致谢等情节，右侧描绘王后要求国王给她捕杀九色

2-25 尸毗王　第254窟北壁

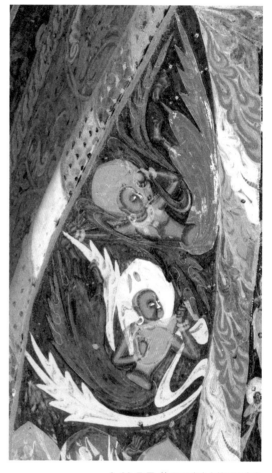

2-26 飞天 第257窟中心柱正面龛内

鹿、溺人告密、溺人引国王军队去树林。中央的主
要位置画九色鹿向国王诉说救溺人的经过。把画面
的空间与故事的时间顺序巧妙地对应起来，体现了
画家的独特构思。在视觉效果上，利用了人物行动
的趋向，左侧的几只鹿都向右行，右侧的人马都向
左行，两边的趋向都使人的视觉集中于九色鹿向国
王控诉溺人这一情节上，突出了主要情节和主要形
象（2-28）。同窟南壁的沙弥守戒自杀故事，也是长
卷式构图，描绘了沙弥出家、沙弥随师受戒、沙弥

2-27 魔怪形象 第254窟南壁

化缘、美女向沙弥求爱、沙弥自杀、焚化沙弥、造塔供养等七八个情节。在第一和第二个场景的画面中，比丘同一坐姿，相同的禅窟与山峦重复出现，这种表现方法把画面自然地分割成了几个具有相对独立的小画面，这些小画面共同表现这个故事发展的过程，具备了连环画的性质，可以说是敦煌最早的连环画。

长卷式构图是汉代以来广为流行的构图形式，在汉代的武梁祠等画像石中就可以见到横长形带状布局的形式。两晋以后的画家们也常常采用手卷的形式来作画，如顾恺之的《洛神赋图》《女史箴图》等都是长卷画面的构图形式。敦煌壁画长卷式故事画正是以中国传统艺术来改造外来佛教艺术的典范，特别是其中以山水景物来表示特定的环境，山峦、树木在画面中占有较大的位置，反映了中国山水审美思想，这是印度、西域的绘画中所没有的。

3. 装饰艺术

艺术家们为了表现出天国的神奇效果，充分调动了各种装饰功能，把阴暗的洞窟表现得富丽堂皇。佛光是第一个重要的装饰物，如第257窟坐佛的头光就有五层，以火焰纹与化生、飞天等形象相间表现，又用石绿、石青、赭红、白等多种颜色交错染出，显得光芒四射，奇妙无比。除了背光外，佛龛龛楣的装饰也较丰富，以翻卷的忍冬纹、火焰纹等交错表现。平棋图案，通常作三层叠涩，已成规范。平棋中心画一朵大莲花，四边绘忍冬纹。在三角形岔角内画飞天、莲花或火焰纹。在第254、260、431等窟顶部，还在平棋之间画出莲池与天人以及虎、龙、凤等形象，使窟顶装饰变得十分丰富。人字披顶往往画出立姿的天人，手持卷曲成"S"形的曲茎莲花。或画莲花与忍冬、摩尼宝珠等纹样。

北魏时期的忍冬纹变得十分丰富，并产生了很多变化。除了北凉时期出现过的几种外，又有双叶波状忍冬、双叶桃形忍冬、散花状忍冬以及忍冬纹与莲化纹的结合形式等等。每一个类型中又有变化，有二十多种样式。把化生、飞天乃至龙、虎、凤等动物组合在图案中，也是此时装饰艺术的新探索。

2-28 鹿王本生（线描图，谢成水绘）
莫高窟第257窟西壁 北魏

2-30 莫高窟第285窟内景

第三节 西魏时期的石窟艺术

西魏时期的第285窟中有西魏大统四年（538年）、大统五年发愿文题记，是莫高窟现存最早的洞窟纪年。以第285窟为标尺，与之风格相近的洞窟约有十个，这些洞窟大体上都可确定为北魏晚期至西魏时期所开。

一、西魏石窟的形制

西魏石窟的形制主要有两种类型，一是中心柱窟，二是覆斗顶窟。中心柱窟大体沿袭北魏以来的形式，中心柱正面开一个大龛，其余三面仍沿袭北魏时代上下层龛的形式。此时的中心柱窟均有前室，而主室内人字披下部的空间变小，主室基本上就只

2-29 莫高窟第249窟内景

是围绕中心柱走廊的空间。此外，北魏那种在中心柱窟人字披下面装饰斗拱的形式，以及中心柱两侧面上部的阙形龛也不再出现。第432窟中心柱四面的影塑天人，仍与北魏洞窟中心柱上的一致，说明北魏的一些内容仍然被采用。

第249窟是一个标准的覆斗顶窟（图2-29），平面大体为方形，正面开佛龛，窟顶由四壁向中心呈斜坡形，至中心收成一个方形并向上凸起一定高度，称为"藻井"。由于整个窟顶如倒覆之斗，故称为覆斗形顶，覆斗顶的四个斜向坡面称为"披"，这样的洞窟就称为覆斗顶窟。

西魏第285窟是覆斗顶与禅窟相结合的洞窟，窟顶为覆斗顶，洞窟正面中央开一大龛，内塑佛像，两侧各开一小龛，内塑禅僧像。主室南北壁各开4个小禅室，供僧侣们坐禅修行（图2-30）。此窟从功能上

2-31 酒泉丁家闸 5 号墓内景

墓，墓室为方形单室，墓顶为覆斗形，中心有向上凸起的方形藻井。在酒泉、嘉峪关一带发现的魏晋墓，大部分为穹窿顶，也有不少为覆斗顶。特别是酒泉丁家闸 5 号墓（图 2-31），不仅墓室形制为覆斗顶型，而且墓顶一面绘东王公，与之相对的一面绘西王母，与莫高窟第 249 窟南北披的主题内容非常一致；第 249 窟窟顶四披的下沿还画出连续的山峦，画面布局也类似于酒泉丁家闸 5 号墓。第 285 窟也是覆斗顶，其窟顶东披描绘伏羲和女娲的形象，这也是汉代以来墓室壁画或画像石、画像砖中常见的表现神仙思想的题材。敦煌佛教石窟的形制采用覆斗顶形式，正反映了营建者按照汉代以来的神仙思想来理解佛教，表明中国传统神仙思想与佛教思想的结合。敦煌的覆斗顶窟形自西魏以后基本定型，并在隋唐以后相当长的时间内成为最流行的窟形。

二、西魏的彩塑

西魏的彩塑进一步接受来自中原的强烈影响，人物形象趋向于清瘦，包括佛像的袈裟也表现出飘逸的特征。在第 249、285、432 等窟中，主尊佛像面容清秀，身体瘦削，衣纹贴体，佛像袈裟呈双领下垂式，露出里面的僧祇支，而内衣有打结的带饰，带子打成结并露在外，这是当时最流行的佛衣样式（图 2-32）。学术界通常称之为"褒衣博带"式佛衣。"褒衣博带"一词，本来是画史上用以形容魏晋时代人物衣饰的。在南北朝佛教艺术中，受南朝魏晋风格的影响，佛教雕刻和壁画中往往表现出穿着中国式衣服的佛像，这一类佛衣不见于佛经记载，最早出现于四川等地南朝佛像雕刻，后来普遍在北方石窟（如云冈、龙门等石窟）中出现。

这一时期菩萨的形体趋于清瘦和修长，第 249

看属于多室禅窟，但从窟顶的空间形式来看，它又属于覆斗顶窟，是一座多功能的佛殿。从窟顶中央藻井图案以及四披壁画的布局、构图形式等方面来看，与第 249 窟十分接近，但是，第 285 窟在藻井周围画出垂幔及流苏铺向四披的形式，并在四壁的上部与窟顶相接的地方也画出帷幔的形式，反映了把藻井当作华盖加以表现的倾向。这一形式在后来的覆斗顶窟中一直延续下来。

覆斗顶窟这一形式在印度和中亚都很难找到，而在敦煌却逐步成为主流。有的专家认为，这一形式是对中国古代"斗帐"的模仿。汉代的墓室形式中就出现了覆斗顶。从汉末到两晋期间，覆斗顶的墓室逐渐多了起来，如敦煌佛爷庙到新店台一带的墓群中，就有不少晋墓形制为覆斗顶，其中一类较大的

2-32 佛像 第285窟西壁龛内

窟南北壁西侧各保存着胁侍菩萨一身。虽有后代重修痕迹，但身体主要部分仍是西魏原作。菩萨上身半裸，斜披天衣，天衣较宽，差不多把上半身遮住。长裙贴体，裙子上的衣纹具有"曹衣出水"的效果。第288窟中心柱正面龛两侧的胁侍菩萨，第432窟中心柱北面龛的胁侍菩萨，均着交领大衣，并有宽宽的飘带自双肩垂下，在腹前交叉于圆形饰物，形成X形状（图2-33）。菩萨身体清瘦，并且衣饰繁多，反映了西魏时代中原风格的深入影响。

第285窟西壁佛龛两侧的小龛中，各有一身禅

2-33 胁侍菩萨
第432窟中心柱北面龛内

僧塑像（图 2-34），是北朝彩塑中少有的以现实生活中的僧人为原型制作的塑像。北侧的禅僧像保存较完整，身体比例适度，衣服贴体，表情沉静，造型简洁，表现出艺术家高超的写实技巧。

三、西魏壁画的题材与布局

西魏洞窟壁画的内容空前增加，题材主要有尊像画、佛教故事画、中国传统神话、供养人画像与装饰图案画等。其中，尊像画中出现了早期密教的形象，体现着印度佛教的新变化对中国佛教的影响。同时，这一时期中国传统神话题材的大量出现，反映了北魏孝文帝改革之后，中原新型的佛教思想及艺术对敦煌石窟的影响。

1. 尊像画

说法图中，佛弟子与菩萨同时作为佛的胁侍，已成为固定格局。第285窟北壁还出现了多铺说法图并列的形式，共有七铺说法图，其中部分说法图分别保存着西魏大统四年、大统五年（538、539 年）的文字题记，由题记也可知北壁东起第五铺所绘为拘那牟尼佛、第六铺为迦叶佛。第七铺虽然榜题文字泯灭，但所绘为二佛并坐之姿，则当为释迦、多宝并坐说法图。拘那牟尼佛与迦叶佛均为过去佛，因此，有学者认为这一组说法图是过去七佛与无量寿佛的组合。本窟东壁门两侧也各画一铺说法图。门北一铺，由榜题可知主尊为无量寿佛，两侧胁侍菩萨分别为无尽意菩萨、观世音菩萨、文殊师利菩萨和大势至菩萨（图 2-35）。门南一铺内容与此大体相同。这两铺说法图榜题所

2-34 禅僧
第285窟西壁北侧

2-35 说法图 第285窟东壁门北

标明的四位菩萨包括了作为无量寿佛胁侍的观世音菩萨和大势至菩萨，联系起本窟北壁的无量寿佛说法图，这些说法图在一定程度上表现出西方佛国净土的景象。

早期密教图像是西魏壁画中的新题材。第285窟西壁佛龛两侧壁绘出了毗瑟纽天（毗湿奴）、帝释天（因陀罗）、摩醯首罗天（湿婆）、鸠摩罗天和毗那夜迦天等，均为早期密教的形象。龛南北两侧下部还画出了四天王具有护法的意义，这是敦煌壁画中出现最早的四天王形象。同窟西壁南、北两侧上部，又分别绘出日天、月天，日天、月天从形象上看与克孜尔壁画有着密切的关系。其中也反映了中亚文化与古希腊文化等因素。

2. 故事画

西魏时期的佛教故事画，本生故事仅出现一例，而较多出现的是因缘故事。如五百强盗成佛、化跋提长者姊缘、度恶牛缘等，反映了佛教在中国进一步发展时期，佛教流行故事的微妙变化，那种过分强调为求得佛法而牺牲和忍辱的精神，被更为现实的题材所代替。

2-36 伏羲女娲 第285窟窟顶东披

五百强盗成佛，也称为"得眼林"故事。叙述古代南印度憍萨罗国有五百强盗杀人放火抢劫作乱，于是波斯匿王派兵前去镇压，捕获了强盗，并对强盗施以酷刑，挖去双眼，放逐深山。强盗们痛苦不堪，大声呼号。这时释迦牟尼佛大发慈悲，使他们双眼复明，并为之说法，使五百强盗觉悟而皈依佛门，并最终修成正果。这个故事绘在第285窟南壁中段壁面上，长达6米，自东向西依次表现了官兵围剿强盗、强盗被俘、受审、挖眼施刑、放逐山林、释迦施药治盲、强盗出家、山中修行等情节。

西魏时期的几幅故事画都集中出现在第285窟，故事画的主题突出的是佛的教化及僧人禅修，反映出对戒律的重视。在壁画中画出这些故事，显然是要对修行的僧人加以教育和宣传，强调禅僧坐禅时内心清净、一心向佛的精神境界。

3. 中国传统神话

西魏时期壁画中出现了大量而丰富的汉民族传统神话中的神灵和瑞兽形象。第285窟窟顶东披绘出伏羲、女娲形象（图2-36）。女娲与伏羲都是中国古代传说中的三皇之一，女娲既采五色石济世补天，又创造了人类。从先秦至两汉，女娲、伏羲的传说不断地发展，被认为是开天辟地之神，并在中国文化史上产生过重大影响，可以说已成为中国文化的重要部分。神话虽说带有很多虚幻、想象的成分，但在长期的流传过程中，必然会打上民族文化精神的深刻烙印。

伏羲、女娲的形象最早见于汉墓壁画和画像石。洛阳出土的西汉卜千秋墓（公元前86－前49年），伏羲女娲皆上半身为人形，下半身为蛇身。在伏羲之旁画有圆轮，之内有飞翔的金乌，是为太阳。女娲之旁画出圆轮内有树和蟾蜍，是为月亮。在四川崇州出土的东汉画像砖中，也有表现伏羲、女娲形象的，上半身皆为人形，下半身为蛇身，伏羲一手托着日轮，一手持墨斗，日轮中有三足乌；女娲一手托月轮，一手持矩，月轮中有蟾蜍和桂树。在陕北、山东等地汉代画像石中，伏羲、女娲的形象也出现较多。在敦煌佛爷庙发现的西晋墓壁画中，伏羲、女娲相对绘于两块画像砖上，伏羲上半身为人形，一手持规，

2-37 西王母 第249窟窟顶南披

胸前大圆盘中有黑色的飞鸟（三足乌），女娲一手持矩，胸前的圆盘中有蟾蜍。伏羲女娲下半身均为兽身，虽有蛇尾，却两足分立。

莫高窟第285窟窟顶东披中央以摩尼宝珠为中心，两侧分别画有伏羲、女娲相对的形象，皆人首兽身，上身着大袖襦，衣带飘扬，伏羲在右，一手持规，女娲在左，一手持矩，一手捉墨斗。二者胸前皆佩圆轮，分别象征日、月。

第249窟窟顶南、北二披分别绘出东王公、西王母。南披的主体形象是乘凤车的西王母（图2-37）。西王母着大袖襦，头梳高髻、面容端正。凤车上悬挂重盖，车后斜挂旌旗，西王母左侧立一持缰御者。车前有乘鸾持节的仙人作为引导，车后有开明神兽护卫，据《拾遗记》所载："西王母乘翠凤之辇而来，前导有文虎、文豹，后列雕麟紫麝。"与此画面相符。北披画面表现的是乘龙车的东王公。东王公身着宽袖长袍，"造父"身着红色长袍，持缰御龙车。东王公与御者的头部及车的前部画面有所损毁，其他部分尚保存完好。龙车前有乘龙持节的仙人导引，后有天兽相随，周围是各种神怪形象，他们向着洞窟的西壁方向飞驰。西王母和东王公的传说，主要见于《山海经》《穆天子传》等文献。汉代以后，随着升仙思想的流行，西王母的传说更广，穆天子也演化成了东王公，与西王母成为一对神仙。魏晋以后的墓室壁画及出土物的绘画中，东王公、西王母的形象基本上是成对地出现的。酒泉丁家闸五号墓，墓室也呈覆斗顶形，在顶部东披绘东王公，西披绘西王母，东王公坐于山上，上悬日轮，周围云气缥缈；西王母坐于昆仑山上，旁有侍女持华盖，上悬月轮。西王母下有九尾狐与三足乌。在敦煌西晋墓中，也发现有东王公的形象，说明在魏晋时期河西、敦煌一带的民间信仰中，东王公、西王母占有十分重要的地位。敦煌石窟中的东王公、西王母显然是在这样的传统影响下产生的。

2-38 雷神、电神
第249窟 窟顶西披

与伏羲、女娲和东王公、西王母同时绘出的，还有中国传统神话中的其他神灵形象，主要有：朱雀、玄武、开明（人首蛇身，有九首、十一首或十三首）、乌获（传说中的大力士）以及风、雨、雷、电之神等等（图2-38）。这些神灵是秦汉以来中国人所想象的神仙世界诸神，在墓室中描绘这些形象，寄托了人们对死后进入神仙世界的期望。北魏晚期到西魏时期，这些汉代的神灵、仙兽开始出现在佛教寺院和石窟壁画中，表明佛教思想与中国传统神仙思想的融合，当时的人们把佛国世界理解为神仙的世界，而佛教也从中国的神仙思想中找到了可以得到理解与认同的位置，于是佛境与仙境就交织在一起了。

4. 供养人画像

西魏壁画中供养人画像保存较完整，使我们能够清晰地看出当时的世俗人物形象。

在第285窟北壁七铺说法图中，每一铺的下部都画出供养人行

2-39 供养人像 第285窟 北壁

列，中央部位书写文字题榜，左右分列男女供养人形象（图2-39）。其中，男供养人多着鲜卑胡服，如北壁东起第二铺说法图中的男供养人皆头戴鲜卑帽，着红色或黑色圆领小袖袴褶，腰束带，其中第一身还佩有古代游牧民族常用的"蹀躞七事"之具。第一铺至第六铺男供养人服装也基本相同，只是头戴毡帽，或顶幅巾。

第285窟北壁东起第七铺说法图中的三身男供养人，皆头戴筒形笼冠，身着曲领宽袖袍服，束腰带，脚着笏头履。笼冠，最早产生于汉代，男女皆可戴用，是汉魏时期主要的官吏冠服之一。在传为东晋顾恺之所绘《洛神赋图》中的骑马侍者皆戴此笼冠。孝文帝改革后，此冠在鲜卑贵族、官吏中流行一时。有的甚至与鲜卑的帽子、袴褶并用，显得非胡非汉。第285窟北壁东起第七铺二佛说法图下方女供养人上身着对襟袍服，下着间色曳地长裙，长裙上再着"华袿飞扬"的袿衣，刘熙《释名》称："妇人上服曰袿，其下垂者上广下狭，如刀圭也。"袿衣早在魏晋之际就流行于贵族妇女当中，在顾恺之《洛神赋图》

中的二女神即着此装，其衣带迎风飘举，翩然翻飞，表现出其仙人之姿。

5. 装饰图案

西魏的中心柱窟中，窟顶的人字披两披通常画出忍冬纹、莲花纹、化生以及鸟兽的形象，在后部的平顶绘平棋图案。四壁的上部为天宫伎乐，天宫的形式是在有凹凸效果的天宫栏墙上部画出一个个圆拱形的建筑，圆拱之中描绘天人在舞蹈或演奏乐器。四壁的下部在北魏时代通常是表现药叉的，但在第288窟的四壁下部却画出了三角形的垂角纹。在覆斗顶窟中，窟顶中心的藻井集中了很多装饰图案，中央是莲花，四边绘忍冬纹、火焰纹及几何纹，藻井四周绘垂角纹和帷幔。此外，佛的背光、头光，以及佛龛的龛楣，都有华丽的图案装饰，龛楣装饰图案有渐趋复杂的倾向。

四、西魏壁画的艺术特色与成就

西魏的壁画艺术由于中原风格的传入而形成了较为丰富多彩的局面。在新风格的影响下，包括西域

2-40 菩萨 第285窟 北壁说法图中

式的人物也有所变化，在造型上也注重整体的动态，特别是配合衣饰与飘带，形成流动的线条之美。故事画中出现了更多的中原画法新因素，山水树木的表现更加丰富。装饰图案如忍冬纹、莲花纹、火焰纹等，延续着北魏以来的传统，在装饰天空的场面中，也出现了富有汉晋传统特点的流云、飞花，表现出流动、空灵的效果。色彩上倾向于明亮而轻盈，形成这一时期装饰风格的特征。

1. 人物画艺术

西魏第249窟佛龛两侧的菩萨头与身长的比例接近了1：8，身体修长，近乎夸张。第285窟是中原式画法占主导的洞窟，除西壁仍为西域式画法外，窟顶及南、北、东三壁的佛、菩萨、天人、说法图、故事画以及供养人等均采用了新的中原式画法。

2-41 追猎 第249窟 窟顶北披

这种画法特征在于人物修长，衣饰繁多（图2-40），就是所谓"秀骨清像"与"褒衣博带"的特征。在技法上注重笔法，通过线描的变化来表现人体肌肤和衣服、装饰物等的质感，特别是面部造型，对眼、眉、唇的细微特征有细腻的表现。不论是佛像，还是菩萨、佛弟子等形象，都体现着一种新的面貌和气质，这正是魏晋以来南朝士大夫所欣赏的那种文人气质。衣饰表现的装饰性也是中原新风格的一大特点。这时的衣服、飘带往往注重形式感，衣裙垂下

的边缘和飘带末端都形成了尖角。这些尖角与实际衣饰的形体已经相去很远，显然不是写实性的表现，而成了一种装饰的需要。由于这些衣角与飘带形成有规律的排列，造成了形式上独特的美感。从绘画表现来说，与西域式画法讲究写实的立体表现正相反，追求的是一种平面的装饰美。画家为了表现其生动的神态，往往通过眼神的变化、手势的动态以及衣服的垂角飘举来表现人物精神风貌。菩萨则有的身体稍向后仰，有的画成侧面，显示出身体的动作。

2-42 山中说法 第285窟南壁

而嘴角的弯曲，眼睛的神态，更体现出细微的神采。配合人物精神因素的，还有衣饰的飘动，菩萨长裙下角向两侧铺开，从肩部垂下的飘带也在身体两侧形成很多尖角，这些尖角仿佛是在风中飘扬起来的样子。

2. 山水画与空间构成

西魏第249窟和第285窟，窟顶都分别表现了传统神话题材与佛教内容相结合的主题，总的来说是表现天界，而在四披下部，画出山水与树木，以地上的山水景物来衬托天空的宏大辽阔。整个空间云气飘动，天仙来往，下部山峦与树木间，野兽出没，正是中国山水画所追求的云霞缥缈的境界。为了渲染这种山林气氛，往往还要画出狩猎图。如第249窟顶北披的猎人射虎画面，一猛虎正在追逐骑马猎人，就在猛虎扬起前半身准备猛扑上去的瞬间，猎人猛地转回身，拉满弓对准了猛虎，画家将此最紧张、最精彩的瞬间十分传神地刻画了出来（图2-41）。第285窟也有类似的狩猎壁画。从主题上说，狩猎图并非佛教内容，主要是出于山水画面的需要，而这种骑马者回身向后张弓射箭的表现形式，源于古代西亚艺术，就是在历史上被称为"帕提亚式射箭"的样式。最早出现于公元前1000年左右，而现存较多的还是在萨珊波斯的艺术品中。在东西文化交流中，这样的狩猎形象先是流行于游牧民族之中，后来扩展到了各地。中国从两汉到魏晋艺术中曾出现很多狩猎图，狩猎图已成为画家表现山水树木景物的有机组成部分，即使在反对杀生的佛教艺术中，也常常出现这样的狩猎场景，人们欣赏这样的惊险场面，而忽略了其中与佛教宗旨相抵触的内容。

第285窟南壁五百强盗成佛故事画中，山水在画面构成中具有十分重要的意义。斜向的山峦形成一个个较大的空间，各种人物在这样的空间中活动。

中部佛说法场面中，佛座的下部是一组山峦，山中有动物和狩猎的场面，山旁有一片水池，水池中还有水鸟（图2-42），这些禽鸟动物使山水的景色更加丰富和生动。

第285窟窟顶四披下部绘禅僧深山坐禅的画面，禅僧在山中结草为庵，在庵外则有山水树木，以及林中的野兽活动。而修禅的僧人们心无旁骛，沉浸在禅定的境界。壁画中禅修场面便与山水、动物以及狩猎的场面互相交织，形成动与静的对比。佛教的禅境与中国的山水境界完美地结合在一起。

3. 装饰艺术

西魏的中心柱窟沿袭北魏的形式，但也有所变化，如第288窟窟顶人字披两披之间出现了一段平顶，其上描绘莲花。四壁的下部则画出垂角纹。垂角纹象征着帐幔，表明这一时期对帐幔形式的重视。第285窟窟顶的藻井中央部分为叠涩式藻井，中心为莲花，四边饰以忍冬、云气、火焰、彩铃等纹样，而在四周画出三形的垂幔，在四角各有一条长长的流苏向四面垂下（图2-43），窟顶四披交界处悬挂有饕餮、玉珮、流苏、羽葆等，色彩华丽，表现出完整的华盖的形式。

西魏装饰图案的另一个新气象还表现为大量动物纹样的出现。它们主要表现在藻井、平棋和龛楣图案中。如第288窟人字披两披有孔雀、凤鸟、双鸽等动物形象（图2-44）。第431窟窟顶平棋之间，分别把龙、凤、虎的形象组合在图案中。第285窟南北两壁下部的龛楣均以瑞鸟珍禽图案为装饰，既有想象中的凤鸟形象，又有现实中存在的鹦鹉、孔雀、双鸽等，这些形象与植物花叶、忍冬等纹样相互配合，使龛楣图案显得华丽而富有动态，为整个洞窟平添了活泼的情调。

2-43 藻井 第285窟 窟顶

2-44 凤鸟 第288窟 人字披西披

总之，西魏石窟艺术体现出生机勃勃的气息，艺术家开始用中国式的审美观念、绘画技法来表现佛教壁画。但西域传来的艺术风格也依然存在。这是一个色彩纷呈、充满活力的时代。

第四节　北周时期的石窟艺术

敦煌莫高窟保存北周洞窟 14 个，是莫高窟北朝各时期保存
洞窟最多的。此外，在西千佛洞也保存了 4 个北周洞窟，在五
个庙石窟也看到北周壁画残痕，表明北周时期敦煌石窟有较大
规模的营建。

一、北周石窟的形制

北周时期的建筑形制，主要有三个类型：一是中心柱窟，二
是覆斗顶窟，三是方形单龛窟。

1. 中心柱窟

西魏以后，伴随着中原风格的传入，莫高窟出现了规模较
大的覆斗顶窟，但中心柱窟依然存在。在北周出现了规模较大
的中心柱窟——第 428 窟（图 2-45），西千佛洞、五个庙石窟等
处的北周石窟均为中心柱窟，说明中心柱窟形式在北周时代依
然流行。

北周的中心柱窟一般有前室，经甬道进入主室。主室中心
塔柱的台座较高，中心柱四面各开一龛，龛内塑佛像，佛像两
侧有弟子、菩萨像，有的菩萨像塑在龛外。中心柱的四壁往往
贴有影塑，北魏到西魏的影塑多为菩萨和天人，而北周的影塑
则多为千佛。有的洞窟在人字披两披画出横卷式故事画（第 290
窟），而在此前的中心柱窟中，人字披上均绘图案。

第 428 窟是一个大型的中心柱窟，也是敦煌北朝时期最大的
洞窟。此窟中心柱四面佛龛两侧均以圣树来装饰，为莫高窟所
仅见。在佛教中，把与佛陀有关的无忧树（佛诞生于无忧树下）、
菩提树、芒果树（佛常于菩提树、芒果树下说法）、娑罗树（佛
于娑罗树下涅槃）等等都称为圣树[4]。在印度早期佛教艺术中，由

---

4 参见赵声良《敦煌壁画说法图中的圣树》，《艺术史研究》第 4 辑，中山大
学出版社，2002 年 12 月。

2-45 第 428 窟内景

于表现佛像还是禁忌，人们常以圣树、佛塔、法轮、佛足迹等神圣之物来象征佛像。因此，表现圣树崇拜的图像很多，这一传统直到佛像产生并流行之后仍然继续。佛教传入中国时，直接雕塑或者绘画佛像早已取代了以圣树等物来象征佛像的方法，所以，圣树表现相对较少。像北周第428窟这样在中心柱四面佛龛装饰圣树的形式是极为少见的。第428窟中心塔柱四面佛龛两侧均残存树干，上部的树枝及树叶已毁。但在佛龛两侧上部的墙上还可看到很多钻空，显然是用来安置固定枝叶的小桩的。

2. 覆斗顶窟

北周的覆斗顶窟均有前后室，但前室大多毁坏，主室相对较好。前室和甬道一般都被后代重修或重绘。在覆斗顶窟中，正壁的佛龛成为了洞窟的中心，彩塑佛像集中于此，龛内通常塑一佛二弟子，龛外两侧有台，台上各塑一身菩萨像，覆斗顶窟的代表窟有第296、297、301窟等（图2-46）。佛龛的塑造较为精致，龛外两侧有龛柱，龛柱上部为莲花，沿龛柱浮塑莲茎缠绕。龛上部则是束帛装饰的龛梁，龛梁两头往往以龙首装饰，龙爪支于两侧龛柱的莲花上。龛梁上部的龛楣装饰

2-46 第296窟内景 北周

也较繁复，大部分绘忍冬、莲花等纹样，其中第297窟的龛楣较为独特，中央浮塑双龙相交，两侧各塑一羽人形象，其中南侧羽人已毁。这样的羽人形象是中国神话传说中的羽人与佛教思想结合的产物。但以浮塑的形式表现，莫高窟仅此一例。在佛龛中，佛背光不仅

图案复杂，而且占有空间较大，一直延伸到龛梁之上，佛龛也较高，龛楣往往延伸到窟顶西披。这种由下向上的延伸，使洞窟的空间形成向上膨胀的张力，这是北周洞窟空间设计的一个特点。

3. 方形单龛窟

方形单龛窟平面为方形，窟顶前部为人字披顶，后部为平顶，窟顶采用了中心柱窟的窟顶形式，但窟中并没有设中心柱，而是在正壁开龛造像，这样的洞窟主要有第439、440窟等。是结合覆斗顶窟与中心塔柱窟两者的特点而变化的形式。

二、北周的彩塑

北周覆斗顶窟中，一般只在龛内塑一佛二弟子，龛外塑二菩萨。即使是中心柱窟，在中心柱四面的佛龛内各有一铺五身塑像。

除第428窟佛像为结跏趺坐外，主尊佛像通常为倚坐相，面相丰圆，方颐，细眉小眼，五官集中，面含微笑。头较大，不完全合乎比例。袈裟为双领下垂式，露出僧祇支，并有十字形打结的带子。这是延续西魏时代流行的"褒衣博带"式袈裟形式，北周时期，衣纹逐步趋于简化，造型强调身体的量感和完整性。北魏以来那种带有装饰性的贴泥条式衣纹线不再出现，而多为阶梯式，更富写实性。比起北魏晚期和西魏的佛像，北周时期的佛像比较注重身体的量感，面部丰圆、饱满，改变了前一阶段佛像的清瘦秀丽，而趋向质朴、厚重。

通常在佛像两侧各塑一身佛弟子形象，在龛外塑二菩萨，是这一时期流行的组合形式。佛弟子形象为一老一少，表现最年长的弟子迦叶和最年轻的弟子阿难。艺术家特别注意一老一少个性的刻画，第439窟龛北侧的弟子迦叶身体瘦削，胸部肋骨凸现，

2-47 迦叶 第297窟龛北侧

额头满布皱纹，苍老的面容中含着笑意。而龛南侧的弟子阿难则体形饱满，头部圆润，体现出年轻僧人的形象。在北周的每一个洞窟中，几乎都有这样一老一少的形象。第297窟的迦叶高鼻深目，眼睛较大，且有胡须（图2-47），与之相对的阿难，则以蓝灰色染出面部。艺术家可能是想把佛弟子表现为印度人

的形象，因为佛教是从印度传来的，佛弟子的形象当然应该是印度人的形象。

北周的菩萨像大都上身半裸，仅着长裙，飘带从身体两侧曲折垂下，使身体上半部袒裸，完全露在外面，装饰物极少，仅有项饰，有的飘带坠于腹前，也没有以飘带遮住身体（图2-48），这与北魏晚期到西魏时期的菩萨完全不同。表明了北周时期审美思想的改变。北周部分中心柱窟内还有影塑千佛，第428窟的四壁上部即贴有影塑千佛，这些影塑都是模塑出来之后，加以彩绘，贴在墙上的。

三、北周壁画的题材与布局

北周壁画的题材，主要有尊像画、佛经故事画、民族传统题材画、供养人画像、装饰图案画五类。

1. 尊像画

北周时期的佛像中出现了释迦多宝并坐说法和卢舍那佛。释迦多宝并坐说法图出现在第461、428窟，特别是第461窟，正壁不开龛塑像，而以绘画的形式表现释迦多宝并坐说法图，显然是全窟的主体。

卢舍那佛是新出现的内容，内容出自《华严经》，绘于第428窟南壁的卢舍那佛身着土红色袈裟，袈裟上描绘佛教的三界（欲界、色界、无色界）六道（天、阿修罗、人间、畜生、饿鬼、地狱）的内容（图2-49）。上部有坐佛、飞天，是为天道；胸前画须弥山，山顶

2-48 莫高窟第438窟菩萨 北周

2-49 第428窟卢舍那佛

五座宫殿内各坐一人，山前阿修罗，裸上身，下着红色短裤，双臂上举、手托日月，表现的是阿修罗道；袖及腹部画山峦，山间有许多房舍，人物或坐于房内，或立于房外，或于林间修行，或在田间耕作，或拥抱，或奏乐，描绘了人世间的爱欲和劳苦，表示人间道；次下方画鸟、猴、马等动物，这是表示畜生道；在衣裙下摆处画刀山，内有六人，裸体、举手投足，似在挣扎，裸体人表示饿鬼道，刀山表示地狱道。据《历代名画记》载，张僧繇曾于江陵天皇寺内画卢舍那佛像。云冈石窟北魏第18窟的主尊即卢舍那佛，北周时，明帝曾于558年造卢舍那佛。敦煌出现卢舍那佛可能是受当时风气影响。

北周时期的佛弟子像出现较多，有的是与龛内彩塑配合，在佛像两侧已塑出二弟子，在壁上再画出八弟子像，合成十大弟子之数。如第290窟中心柱正面龛、第296窟西壁龛内弟子像均是如此。第461窟因无塑像，在二佛并坐说法图的两侧各绘五身弟子像，对佛弟子像的刻画，表明了对佛教传承的重视，同时，由于佛弟子像都是较为真实的僧人形象，壁画表现得也较写实，使佛教石窟世俗性大大增强。

菩萨和弟子像通常都是在佛说法图中成组地画出。北周的说法图，人物增多，幅面较大，佛居中央，两侧是众多的听法菩萨和弟子。胁侍菩萨的形象不像西魏那样身体修长，而变得身材粗短、健壮，面相圆润。

天人的表现，在北周时期有很多新的变化，首先是天宫伎乐的形式发生了很大变化。北魏石窟中通常是在四壁上部画出表示天宫的建筑形式，描绘一个一个类似窗户的画面，每一个窗户中露出演奏乐器或舞蹈的天人形象。这种形式从北凉一直延续到西魏。到了北周，天宫的建筑形式消失了，仅存天宫下部凹凸形式的栏墙，栏墙上部，飞动的天人一边飞翔一边演奏乐器，这些伎乐天人，通常称为飞天伎乐（图2-50）。以前的研究者把天宫伎乐与飞天作为两类形象来看待，实际上表现的都是佛教天人，一种是站立的姿态，一种是飞动的姿态。北周以后直到隋代洞窟，飞天伎乐成为流行的形式。

北周壁画中还出现了较多的裸体飞天（图2-51）。裸体飞天最早出现于北魏，如第257窟、第431窟以及西魏第285窟都有裸体飞天。北周第428窟出现最多，达6身。均绘于平棋图案中，在与裸

2-50 飞天伎乐 第299窟

体飞天同一个平棋中，还可看到一个从莲花中露出
半个身子的化生形象，表明这些裸体飞天就是表现
刚从莲花中化生出来的天人。为了表现刚刚诞生的
天人，就用裸体童子的形式来表现。所以，裸体飞
天并非画家故意想表现裸体形象，而是佛教中化生
这一理念的一种表现形式而已。

　　2. 故事画

　　北周新出现的本生故事画主要有须大拏太子本
生、睒子本生、须阇提本生、善事太子本生、独角
仙人本生等。其中不少故事宣扬孝道思想，与中国
儒家思想一致，反映了佛教在中国发展过程中，与
中国传统思想调和的倾向。

　　须大拏太子本生绘于第428窟东壁北侧。故事讲
古印度叶波国太子须大拏乐善好施，有求必应。而敌
国唆使八个婆罗门来到叶波国，要求须大拏太子施
舍镇国之宝白象。须大拏太子就把白象施舍给了敌
国。此事引起朝中大臣的震动，国王大怒，将他驱逐
到檀特山中思过。须大拏携妻子儿女驱车进山修行，
沿途又把车、马、衣物等施舍殆尽。全家来到檀特
山中，结草为庵，静心修行。不久有婆罗门来乞要
太子的两个孩子为奴，须大拏就把孩子也施舍给了

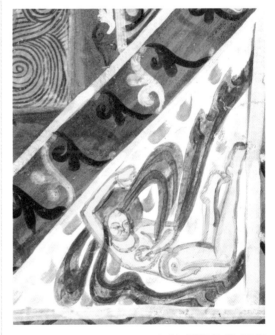

2-51 裸体飞天 第428窟

婆罗门。婆罗门辗转将两小儿带到叶波国出卖，国
王知道了甚为悲伤，便将孙子赎回，又迎太子回国，
任其继续布施。敌国被须大拏太子的德行感动，便
送还宝象，化干戈为玉帛，从此两国和平相处。这
个故事在印度流传很久，山奇大塔北门横梁上就刻

2-52 佛传故事（局部） 第290窟窟顶东披 北周

有须大拏太子本生故事的详细情节。

睒子本生故事的内容是：古代迦夷国青年睒子，父母均盲。睒子于山中结庐，侍奉父母至孝，每日在溪边取水，到林中采果供养父母。一日，睒子正在溪边取水，国王到山中打猎，射鹿时误中睒子，睒子大呼："我有父母双盲，无人照料，国王一箭射杀三道士。"国王大惊，深悔自己误射，便到盲父母处，告知误射睒子之事，愿代替睒子侍奉盲父母，并领盲父母到睒子中箭处，盲父母抱着睒子哀伤恸哭。睒子的孝行感动了天帝，帝释自天而降，以神药放入睒子口中，睒子于是得救。

睒子本生在印度早期佛教艺术中即有表现，如印度山奇大塔第1塔雕刻（约1世纪）、阿旃陀石窟第10窟壁画。在克孜尔石窟、云冈石窟以及麦积山石窟中均可见睒子本生。敦煌石窟北周时期开始流行这一题材，主要见于莫高窟第299窟窟顶、第461窟西壁佛龛龛楣以及西千佛洞第12窟。

北周新出现的因缘故事有微妙比丘尼因缘、梵

志夫妇摘花失命缘等。

第428窟的佛传故事主要描绘释迦降生、降魔、涅槃等具有代表性的场面，其中降生与涅槃都是新出现的内容。第290窟的佛传故事绘于人字披两披，以连续六个长卷画面，描绘了87个场面，较完整地表现了释迦牟尼从诞生到成佛的详细过程，是北朝故事画的鸿篇巨制（图2-52）。

3. 中国传统神话

北周时期，传统神话题材东王公与西王母的内容仍然出现在一些洞窟中。如第296窟西壁佛龛两侧上部，南侧画西王母乘凤车，前有乌获开道，车旁有众多天人护卫；龛北侧与西王母相对，东王公乘龙车，也有乌获开道，飞天护持。此窟的西王母与东王公的画面大体是按第249窟的模式画出，只是画面较小，西王母与东王公分别乘龙凤之车，急速奔驰，前呼后拥众多的侍卫，场面热烈。第294窟西壁佛龛两侧的东王公与西王母也与296窟完全一致。

第296窟的西壁佛龛下沿描绘青龙与白虎，第

2-53 音乐供养 第 297 窟 佛龛下

442 窟中心柱西向面下部还存龟蛇相交的玄武形象。

4. 供养人画像

北周石窟的供养人像是北朝时期数量最多的，仅第 428 窟就达 1198 身，其中僧尼占了相当大的比重，共有 699 身，世俗男女供养人 499 身。第 428 窟也是北朝期最大的洞窟，这样大量地表现供养人像，说明此窟的营建有大量的出资者，有人推测此窟为当时的瓜州（敦煌）刺史建平公于义主持开凿，由于地方长官主持，当地民众纷纷出资"随喜"。

第 290 窟中心塔柱台座下沿四周绘满供养人像，其中，西向面还画出马夫驯马的场面，富有生活气息。第 297 窟佛龛下沿画出一列供养人像，供养人的下部还绘出以音乐供养的场面（图 2-53），中央两人扭腰起舞，旁边三人分别演奏筝篌、琵琶、笙等，生动地再现了当时民间乐舞的场面。北侧画出骑马的男供养人及侍从，南侧画出牛车和女供养人。这显然是身份较高的贵族供养人像，他们以音乐舞蹈的形式表达对佛的供养。

5. 装饰图案

北周洞窟的装饰图案，基本上延续着西魏的装饰特点，在中心柱窟中，人字披顶以舒展的忍冬纹、莲花纹配合禽鸟瑞兽，组合成丰富的图案。中心柱窟后部的平顶仍然以平棋图案作装饰，每一单元的棋格中画出三层叠涩的形式，中央画莲花，最外层的岔角画飞天，其间辅以火焰纹、忍冬纹等。平棋之间往往还间以对兽图案或者飞天形象。在覆斗顶窟中，图案主要集中在窟顶中心的藻井上。藻井图案基本以莲花纹、忍冬纹、火焰纹为主，岔角往往画出飞天。藻井的层次渐渐复杂，有的藻井把千佛也组合在其中。除人字披、藻井、平棋外，龛楣、背光、头光也都以忍冬纹、火焰纹等表现出丰富的图案。

四、北周壁画的艺术特色

西魏以后，来自中原的新风格与来自西域的风格在相互融合中演变、融合。到了北周，形成了以中原传统风格为主，兼及西域风格的特点。

2-54 第428窟 东向龛内南侧 菩萨

1. 人物画艺术

　　敦煌壁画从北凉开始就受到西域风格的影响。到了北周，西域风格仍然继续影响着敦煌，但北周时期的西域风格与前期有所不同，第428窟代表了这种新西域风格。第428窟佛、菩萨等形象面相丰圆，身体短壮，菩萨体态略呈S形弯曲，上身半裸，下着长裙。有的斜披天衣，披巾缠绕双肩，自然下垂，头戴西域式花鬘冠，眼睛较大，表情庄严。北魏时期的佛、菩萨面形大体呈椭圆状，五官分布适中，而北周的佛、菩萨像面形圆而短，眼眉较大，身体也相对较短（图2-54）。

　　晕染是表现人物立体感的重要技法。北周时期，

2-55 胡人驯马 第290窟中心柱西面

除沿用原有的晕染方法外，第428窟数尊佛像的面部出现了白鼻、白眼、白连眉、白齿、白下颌的所谓"五白"晕染，比起北魏时期"小字脸"的方法，这样的晕染更加细腻了。第290窟壁画中的飞天形象还把额部、两颧、颈部、胸部、腹部、臂部涂白，以表现高光。画家最初一定是通过色彩的融合来表现人物肌体的立体感，现在变色后，只看到白与黑的强烈对比，但根据绘画晕染的原理，我们仍可看出这时期西域式晕染法更加细腻化的发展。

北周时期对中原风格的传承进一步深化，画家逐渐掌握了笔法的多种变化，通过线描来表现不同对象的形态与质感。菩萨、飞天等形象呈现出柔和、自然的特征。人物多以土红线画出，色彩简淡，艺术形象更趋生动。线在造型中具有了重要的意义，西域式画法虽然也用线描，但那种粗细均匀没有变化的线

画出的物象，尚不足以充分表达人物的韵致。而在中原式的画法中，线是有生命的东西，画家通过富有表现力的线条来反映对象的质感，人物的动势、情态。在线条的粗细、转折变化和疾、徐运笔的过程中体现物象的气韵。这些线条有明显的一波三折，注重运笔的起、承、转、合。一些中锋用笔犹如书法的行笔方法，可以感受到中国书法用笔韵味。第290、296窟的故事画中人物、房屋、树石的表现，可看出画家在线描技法上的高超水平。如第290窟中心塔柱下面的胡人驯马，胡人紧拉缰绳、扬鞭怒目的神情和马惧怕而低头后退的动态，都以寥寥数笔的土红线生动地表现出来（图2-55）；同窟四壁上部的飞天也是以行云流水般的线描表现出生动活泼的飞舞形象。第296窟南壁西侧画面中的骑马人物图（图2-56），寥寥数笔表现出骑马的人物和马匹，挺拔的线条，简洁而完美

2-56 骑马人物图 第296窟南壁

的曲线造型，体现出中国画特有的形式美。

中原风格的另一个特征是中原式晕染法。主要是指人物面部用粉红色由中央向四周晕染的方法，西域式是"染低不染高"的染法，中原式则是"染高不染低"，皆形成立体效果。莫高窟第461窟正壁佛、菩萨、弟子体形较长，衣带较多，色彩简单，面部的晕染由两颊中心向四周晕染，基本上采用"中原式"晕染法。北周洞窟中的供养人像和故事画中的人物普遍采用了中原式晕染法，如第428窟、290窟的供养人画像，表现得较写实，人体比例适中，衣纹简练，面部采用中原式晕染法。但也有一些供养人面庞清秀、饱满，面部不施晕染。北周后期，画家们将两种晕染法结合在一起，形成一种混合式晕染法，第297、299、301等窟壁画中的佛、菩萨、弟子以及飞天等形象，均可见这种混合式的晕染法。

南北朝后期，南方有以张僧繇为代表的画家，北方则先后有曹仲达、杨子华、田僧亮等画家。张、曹、杨在南北朝佛教绘画中产生了深远的影响。特别是张僧繇，改变了顾恺之、陆探微一派细密精致的画体，吸取了书法艺术的特点，在画中赋予了笔法很强的表现力，以简练而有变化的线条表现了生动的形象。北齐的杨子华，绘画也具有"简易标美"的特点，说明这个时代的审美倾向，一是注重线描，把绘画的线描与书法联系起来；一是绘画有简略化的倾向，而这种倾向与前者有密切关系。因为对"骨法用笔"的重视，线描成为造型的关键。南齐艺术评论家谢赫提出的"六法"标准中，首先强调的是"气韵生动"，其次是"骨法用笔"。"气韵生动"可以说是绘画总体追求的效果。而在技法的层面，笔法（骨法用笔）就是最重要的，"骨法用笔"，就是在线描中体现物象的骨力和精神。敦煌北周壁画就反映出这种以线描造型的技法，在第296窟南壁五百强盗成佛故事画中，画家为突出线描的精神，色彩用得

2-57 萨埵本生（线描示意图） 第428窟东壁南侧

极为单纯，主要是黑、白、土红、石绿等数种，依然表现了各种生动的形象，特别是马队的强烈气势，这种效果堪与北齐娄睿墓壁画相媲美。画面还通过浩浩荡荡的乘骑队伍，表现出壮阔的气势。第296窟故事画中的人物体形修长，面形椭圆，人物神态及众多骑乘形成的气势等与娄睿墓壁画基本一致（图2-56），表明当时中原流行的新风格对敦煌北周艺术的强烈影响。

2. 故事画艺术

北周时期长卷式连环画成为故事画的主要表现形式。第296窟的须阇提太子本生、五百强盗成佛故事等，均按顺序画出故事的发展、高潮、结局，清楚地展现出故事发展的脉络，使人一目了然。第299窟顶部的睒子本生稍有不同，由于画在藻井边缘，画面呈"凹"字形，采用由两头向中间发展的顺序，左起表现国王与侍从到山野树林中打猎、国王射箭误中睒子等，右起表现国王在山中告知盲父母、盲父

母到溪边抚尸痛哭、天人下降复活睒子等，把故事的高潮和结局放在画面中央，突出并强调了主题。

北周的故事画无疑吸取了西魏故事画中景物的表现方法，但更加突出人物的活动，使山水树木成为人物的配景，利用连续的场景，着重表现最能体现故事情节的人物动态，画面集中，观众很容易把握故事的主题精神。

第428窟东壁的萨埵太子本生和须大拏太子本生，都采用三段横卷式构图表现连续的情节。萨埵太子本生共描绘了十四个情节（图2-57），其顺序是：上段从右至左，中段承接上段从左至右，下段承接中段从右至左，脉络清晰，叙事明了。通过人物行进的方向暗示故事发展的顺序，并以山水、树木分隔出一个个的场景，同时，起伏绵延的山峦又将故事情节联系起来，形成内容完整、构图均衡的长卷画，这就是长卷式连环画的基本特征。同窟东壁北侧的须大拏太子本生，也采用同样的方法。

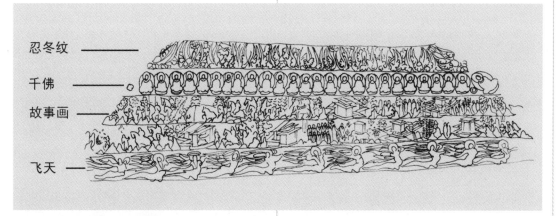

忍冬纹 ——————

千佛 ——————

故事画 ——————

飞天 ——————

2-58 第296窟窟顶南披装饰示意图

第290窟佛传故事通过87个情节，详细地表现了释迦从出生到成佛的全过程，篇幅之长，情节之多，不仅在敦煌壁画中，即使在全国佛教艺术中也是绝无仅有。画面中太子宫中生活、相扑、箭射七鼓以及观耕等情节，形象地再现了古代宫廷乐舞、民间体育比赛、农民耕作等情景。

值得注意的是，山水背景在故事画中形成了固定的格局。山水、树木、房屋等景物与故事中的人物、情节交织在一起，形成特有的形式。第428窟的萨埵太子本生和须大拏太子本生故事画，通过一座座平列的山峦分隔出一个个场景，在这些场景里表现不同的故事情节。这些山峦、树木和房屋既是人物活动的场所，又由于背景相联，使一个个独立的故事情节联系在一起，形成了完整的长卷式画面。这两组故事画中的山峦造型简单，红、蓝、黑几种颜色交错排列，在长卷中形成起伏的波状曲线，极富装饰性。这种装饰性的山峦与汉代画像石中的山峦韵味一致，正是对汉代以来山水表现形式的继承与发展。类似的山水在第296窟、299窟等窟的故事画中均可见到。

3. 装饰艺术

北周壁画的画面布局与结构往往采用横向带状的形式，形成这一时期明显的装饰风格。第296窟窟顶藻井中央为绿色背景中的大莲花，四边为忍冬纹边饰，在第一层与第二层叠涩形成岔角外绘火焰纹，第二层与第三层间绘飞天，在中心方井之外，则是一层千佛、一层忍冬纹、一层鱼鳞纹，最外为垂角纹和帷幔形式。从藻井外沿到四披，同样也有很多层次，一层忍冬纹、一层千佛，然后是两段故事画，其下是飞天和天宫栏墙（图2-58）。在此窟南北两壁，中部也画出横向的长卷式画面，表现佛经故事。横向带状布局成为整窟强烈的装饰风格。这种长卷式画面的追求，源于汉代绘画的影响，与汉代武梁祠画像的布局非常一致。除第296窟外，第290窟窟顶人字披的佛传故事、第428窟东壁的本生故事，都采用了三段式的长卷画面来表现，反映了这种长卷画面在洞窟装饰中的重要意义。

忍冬纹、莲花纹仍然是北周壁画中的主要纹样，这一时期的忍冬纹组合进祥禽瑞兽，以及化生与天人形象，使画面充满生机。第428窟人字披较高，在人字披椽间形成纵向形的画面，其间画出莲花、忍冬纹，长长的曲线表现出向上延伸的倾向，石青、石绿与土红相对比，色彩效果明朗强烈，飞天、动物点缀其间，也使画面充满生机（图2-59）。第428窟南顶的平棋图案中，两个相连的平棋单元之间，画出对虎图案，非常别致（图2-60）。对鸟、对兽图案，最初应是来自波斯艺术的影响。在北周时代，敦煌与西域的交流较为频繁，这种异域特征的艺术也常常出现在壁画之中。

北周的背光图案往往延伸到龛楣上，而龛楣的图案则延伸到了窟顶，给人以伸展的活力。北魏以来的龛楣图案，往往以化生为主，在忍冬纹、莲花纹中描绘坐在莲花中的化生童子形象。北周第299窟龛楣表现的化生童子，有的坐在莲花上演奏乐器，有的作舞蹈之姿，有的则在莲叶上追逐嬉戏，场面十分生动。

小 结

十六国北朝的敦煌石窟艺术，要考虑三个因素，一是敦煌艺术产生的基础——敦煌本地有着深厚的文化积淀，而敦煌文化又是在两汉以来数百年间儒家文化熏陶下成长起来的。因此，任何外来的影响都不可能完全改变这个本土文化的传统。其二，由于敦煌地接西域，比起内地来，敦煌更容易接受西域艺术风格的影响，因此，在敦煌早期石窟中，西域艺术风格因素要远比内地（如云冈石窟、麦积山石窟等）多。其三，西魏以后，受到来自中原的强烈影响，这个时代的所谓"中原风格"是在北魏后期由于孝文帝改革而接受了南朝方面的影响，以龙门石窟为中心的中原佛教艺术又传入敦煌。但在敦煌却并没有全面接受中原风格，而是在中原风格的影响下，艺术家们更大胆

2-59 人字披图案 第428窟

2-60 平棋之间的对虎图案 第428窟

地采用了中国式的审美精神和艺术手法来表现佛教艺术。而敦煌本来就有着深厚的汉文化传统，因此，敦煌艺术中的某些汉文化因素并不完全是因孝文帝改革以后由中原新传入的，而是本土特有的。

第三章　隋代石窟艺术

　　隋代在莫高窟营建史上是一个极为重要的时代，具有承前启后的意义。隋文帝从小在寺院长大，对佛教有一种特殊的感情，因此，在文帝的倡导下，各地纷纷营建寺院，佛教写经的事业也兴旺发达。加之丝绸之路贸易的兴盛，有雄厚的经济力量支持，隋代短短的37年间，莫高窟兴建了洞窟一百多个，并重修了不少前代洞窟，其中第302窟有隋代开皇四年（584）题记，第305窟有开皇五年（585）题记，第282窟有大业九年（613）题记，记载了这些洞窟营建的确切年代。根据考古分期研究，隋代的洞窟分为三个时期，第一期为开皇初年所建，代表洞窟主要有302、303、304、305等窟；第二期洞窟主要营建于开皇九年（589）至大业九年（613）之间，代表性洞窟主要有第292窟、404窟、412窟、417窟、419窟、420窟、427窟、433窟等；第三期则建于大业九年（613）以后，代表洞窟主要有244窟、276窟、390窟等。隋代在莫高窟1000多年营建史上所占的比重是很大的。

第一节 隋代的洞窟形制

隋代的洞窟形制主要有两类，一类是中心柱窟，一类是覆斗顶窟。隋代的中心柱窟很少跟前代雷同，充满了创新的内容。一些小型的中心柱窟，如隋初的第 302、303 窟均为中心柱窟，中心柱被改造成了须弥山形（图 3-1），下部为方形塔，四面开龛造像，在塔上部则为圆形的倒山形，分六层阶梯状向下收进，每一层的边缘原来都贴有影塑千佛，现已不存。这是表现佛经中所说的上广下狭的须弥山形。在须弥山与下部方形塔的连接处，浮塑出四条龙。这样的中心塔柱窟在敦煌石窟中也仅有此二窟。与之相关连的是第 305 窟形制较为奇特：主室为覆斗顶，在洞窟中央有一座高高的佛坛，佛坛上有塑像（现存塑像为清修），比较第 302、303 窟，其佛坛的高度与 302、303 窟中心柱基座的高度相当。这个洞窟也与前二窟邻近，可能最初与前二窟有同样的设计，只是开窟过程中改变了计划，把窟顶改为覆斗顶，而中央的佛坛却保留了下来。隋代中期以后，出现了大型的中心柱窟，改变了北魏以来的中心柱窟的格局。以第 427 窟为代表，主室的中心柱正面不开龛，而贴壁塑出一佛二菩萨的三尊像（图 3-2）。在南北两壁前部的人字披下部，也各塑出高大的三尊像，与中心柱正面的三尊像共同构成三世佛的内容。洞窟前部这三组高大的佛像形成了十分震撼人心的宗教环境。在中心柱的南、西、北三面则各开一龛，龛内均

3-1 莫高窟第 303 窟内景 隋

3-2 莫高窟第 427 窟内景 隋

塑一佛二弟子形象。这样的中心柱窟形式一直延续到初唐时期。

隋代洞窟最多的还是覆斗顶窟。部分覆斗顶窟沿袭北周以来的样式，仅在正面开龛造像，还有部分洞窟采用三壁三龛的形式，即在正壁（西壁）及南北两侧壁各开一龛，龛内分别造佛像。这样形成三佛的构成，表现的是过去、现在、未来三世佛。按照佛经，过去佛为迦叶诸佛，现在佛为释迦牟尼佛，未来佛为弥勒佛。第 420 窟就是典型的三壁三龛窟

形式（图 3-3）。其中正面主龛还采用双层龛的形式。所谓双层龛，就是佛龛平面呈阶梯状向内部收进一层，平面如"凸"字形，看起来就多了一个层次（图 3-4）。双层龛往往可以在龛内塑造较多的佛像，由原来的一佛二弟子二菩萨增加为一佛二弟子四菩萨的组合。双层龛的形式直到初唐仍很流行。覆斗顶窟中也有不开龛的，如第 244 窟，在西、南、北三壁贴壁起佛坛，塑像置于佛坛上。三壁均为一佛二菩萨。其中北壁的主尊为菩萨装，表现的是居于兜率天宫的

3-4 莫高窟第 420 窟西壁双层龛 隋

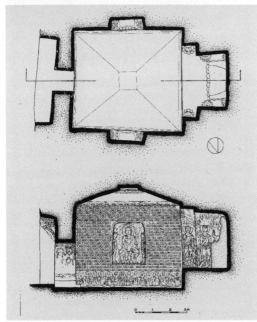

3-3 莫高窟第 420 窟平面、立面图

弥勒菩萨。因此，这三铺佛像依然表现的是三世佛。

还有一部分洞窟平面为方形，但窟顶并非覆斗顶，或者前部人字披，后部为平顶；或者前部平顶，后部为人字披顶。显然这是借用了传统中心柱窟那种人字披与平顶结合的形式，但又不设中心柱，使窟内空间较大。窟内西壁有的开龛造像，有的也不开龛，但在正壁塑出佛像。

总之，隋代洞窟的形制对北朝以来的中心柱窟和覆斗顶窟都有所继承，同时又在不断变化，这是一个充满创造力的时代，艺术家们似乎在尝试佛窟形式的各种可能性，很多洞窟形式都是既不见于前代，也没有在后代出现。

第二节　隋代的彩塑艺术

　　隋代的政治与文化是在北周的基础上发展起来的，统一中国后，隋代文化急速地吸收北齐和南朝的文化，逐渐形成了宏大的气度，为唐代文化打下了基础。敦煌由于地理位置的原因，来自东部北齐和来自南方的艺术并未很快传入，但在时代的变革中，新的因素不断出现，完全改变了早期的格局。彩塑佛像是一个洞窟的主体，佛像风格的变化，反映了这一时期审美思想的重要改变。隋代彩塑风格多样，但总的趋向是早期洞窟中的各种外来因素在逐渐改变，急速地向着本土化发展。隋代彩塑不仅数量增加，而且在洞窟中的体量也增大，体现出宏大的气势。同时，艺术家对菩萨、弟子以及天王、力士形象的刻画更注重个性化的表现。第427、419、420、244等窟的彩塑就是典型的代表。

3-5 莫高窟第 427 窟中心柱正面　佛三尊像

　　第427窟为大型中心柱窟，在前室塑四天王二力士，主室中心柱正面与南北壁各塑一佛二菩萨像（图3-5），在中心柱南、西、北三面又各塑一佛二弟子像，合计全窟塑像达24身，不仅是数量最多的，也是彩塑内容最全的。主室中心柱正面与南北壁的佛像体形高大，主尊都超过4米，佛与菩萨的面形略呈方形，佛的袈裟贴体，衣纹自然垂下。菩萨上半身着僧祇支，下半身着长裙，造型也十分单纯。从雕塑造型来看，佛与菩萨衣纹贴体的特征是印度笈多艺术的一个重要特征，这一艺术风格在北齐时代山

3-6 莫高窟第 420 窟 菩萨

东、河北一带佛教雕刻中十分流行，敦煌进入隋代以后，明显地接受了这一风格的影响。但是敦煌隋代的彩塑头部偏大，上半身的比例较大，衣纹构成简洁，与北齐的佛像仍有较大区别，而与北周时代的须弥山石窟佛像有着较深的渊源关系。表明了尽管隋代在急速地融合南北东西各方的艺术，但敦煌作为西北地区的重镇，由于有着厚重的佛教文化传统，并没有全面接受来自北齐与南方的风格，而是基于已有的传统进行改变和发展。除了第 427 窟外，第 412 窟、292 窟等窟的彩塑，表现出质朴而厚重的特征，群体彩塑则构成宏伟的气势。而与此同时，菩萨的上衣及长裙则彩绘出精致而细腻的花纹。隋代菩萨裙饰有大量源自波斯的菱格纹、联珠纹，体现了敦煌在丝绸之路上的地理位置特点。而在佛像、菩萨像上以精致的彩绘补充雕塑未能完成的纹样，这正是敦煌彩塑的特色和优势，与内地的石雕佛像有所不同。

第 419 窟、420 窟是紧邻的两个洞窟，彩塑与壁画风格都有很多相似之处。第 420 窟为三壁三龛窟，正面双层龛内塑一佛二弟子四菩萨。南、北壁的龛内均为一佛二菩萨。佛像面形略方，肌体丰满有神。弟子迦叶胸部肋骨凸现，表现出苦行僧的神态，阿难则是青年的形象。可惜由于变色影响，阿难的肌肤均已变黑。此窟的菩萨虽然身体较僵直，却在面部刻画、动态及表情方面体现出极高的艺术匠心。如西壁内层龛南侧的菩萨，头部呈方形，目光下视，嘴唇微闭欲启，右手置于胸前，原来可能是手持莲花，今已失。从身体形态看，静中有动。温婉的神情在含蓄的动态中体现出来（图3-6）。西壁外层龛北侧的菩萨，脸型稍瘦削，右手持净瓶下垂，左手持莲蕾在胸前，神情安详自然。南壁龛东侧的菩萨像，也同样是右手持净瓶下垂，左手持莲蕾在胸前，目光前视，嘴角露出微笑，一副开朗的神态。作为胁侍菩萨像体态动作都大体一样，而艺术家却能在这些严格限定的范围内尽最大的可能体现出每一身塑像的个性与活力，使之焕发出强烈的艺术魅力，反映了雕塑家高超的造诣。值得注意的是本窟菩萨像身体肌肤的表现，西壁龛南侧的菩萨和南壁龛的菩萨白色的面部如瓷器般光滑，又如真实的肌肤一样若有弹性，这在以黏土为材料加彩绘而作的彩塑中十分难得。

第419窟比第420窟要小，仅在正面开龛，内塑一

3-7 莫高窟第419窟 迦叶

111

佛二弟子二菩萨。佛着田相袈裟，结跏趺坐于佛座上，两侧的弟子中，老迦叶头部充满皱纹，目光显得苍老，嘴微张开，露出残缺的牙，两手置于胸前，一手托钵，一手呈握拳状，似在说明什么（图3-7）。迦叶的身体紧贴墙壁，如高浮雕的效果，袈裟也处理得单纯，仅突出其面部表情与手上的动作。与之相对位于佛像南侧的阿难，身体直立，双手奉莲蕾托于胸前，面容光洁，体现着青春年少的风范，他的眼睛直视前方，嘴唇紧闭（图3-8）。这两身彩塑一老一少的个性焕然在目。尤其是对眼神的处理，十分传神。此窟的菩萨像与第420窟一致，明净单纯。不论是佛还是菩萨的身体都有上半身大、下半身短的特点，是这一时期彩塑的普遍特征。

莫高窟第244窟为方形覆斗顶窟，却没有开龛，而在正面和南北壁设佛坛，西壁佛坛上有一佛二弟子二菩萨，南北壁各有一佛二菩萨。这样的洞窟设计显然是为了突出塑像，增强佛像的震撼力。作为大型佛像组合，其庄严与恢弘的气势，保持了第427窟等窟的风格。但人物头部造型已变得圆润而柔和，改变了那种头部方形而质朴的特点，菩萨的体态略有动势，似乎呈现着女性的婀娜之态。佛与菩萨、弟子的衣纹也不再追求雕塑的单纯感，而是更加写实地表现衣饰的真实面貌。这个洞窟的彩塑表现出写实化倾向，预示着唐代那种摆脱了各种样式化影响而更具个性化时代的到来。

3-8 莫高窟
第419窟菩萨与阿难 隋

3-9 莫高窟第 276 窟北壁 说法图 隋

第三节　隋代壁画的题材与布局

隋代的壁画内容空前丰富。壁画的主题除了早期已出现的尊像画、佛教故事画、中国传统神话题材、供养人、装饰图案画外，还新出现了经变画，这一重要题材是其后唐宋时代洞窟壁画的主要内容。

1. 尊像画

隋朝的说法图中，对佛弟子、菩萨等形象描绘比较细腻，如第 420 窟除了西壁龛内画出弟子和菩萨像外，还在龛外两侧分别画出弟子和菩萨像，人物形体较大，颜色已变黑，但仍可看出晕染厚重，表现细腻。在隋代初期一些洞窟，沿北朝以来的做法，在四壁绘制千佛，千佛的中央往往画出一铺说法图。而在隋代中后期，很多洞窟中都出现连续的说法图，

如第 390 窟南北壁除了中央有一铺较大的说法图外，还各绘出 33 铺小型的说法图，东壁同样也绘出 33 铺说法图。第 244 窟在南、北、东三壁各有说法图 8 铺。连续画出的说法图，意在强化佛与菩萨、弟子的存在，改变那种单纯千佛铺满壁画的效果，同时，通过说法图中菩提树、华盖以及菩萨的不同衣饰等，体现出更多的环境与形象变化，造成丰富的视觉效果。隋代还有一些洞窟出现了整壁绘一铺说法图的情况，如第 276 窟南北壁各画出整壁的大型说法图，人物并不多，都画得十分高大，因而对菩萨、弟子的形象刻画就比较从容仔细，包括对背景的树木、华盖都作了细腻的描绘（图 3-9）。

隋代的飞天数量空前增加，部分洞窟沿袭北周的形式，在四壁上部接近窟顶的地方绘出天宫栏墙，

3-10 莫高窟第 278 窟－乘象入胎

在天宫栏墙之上画出飞舞的飞天，有的洞窟还以蓝色为背景，衬托出飞天似在天空中飞翔。如第402、420、427窟等窟均是如此。还有一些洞窟在窟顶集中描绘群体飞天，如第412窟龛顶，有数十身飞天在土红底的背景中飞舞，气氛热烈。

2. 故事画

故事画仍然是隋代壁画的重要题材。北朝以来故事画以长卷式画面来表现已形成了固定的模式，从内容上看，睒子本生、萨埵本生、须大拏本生等都是北周时代很流行的题材，在隋代壁画中依然大量出现。故事画多绘于窟顶，如第302、303窟的窟顶人字披两披均绘有长卷式画面。第303窟为法华经变观音普门品，虽然是经变画，但采用的形式与故事画无异，也是以山水建筑为背景，以一个一个连续的场景来讲述佛经的内容。这两窟的画法与北周时代故事画形式一致。第419窟在窟顶东披以四段长卷式画面表现须大拏本生和萨埵本生。房屋建筑的表现较为突出，通过建筑转折的围墙试图表现一种纵深感。而山水背景也不再像北周那样仅在画面下沿做装饰性点缀，而是有高有低，似乎可以区别出远景与近景之别。山峦轮廓还描绘出细腻的草或苔藓类植物。第427窟中心柱南、西、北面台座外缘也利用长卷画面表现须大拏太子本生故事。虽大部分已模糊，但从部分清晰的画面中可见画家对建筑空间的成功刻画，人物与房屋建筑在画面中十分协调。

佛传故事画出现了新的表现形式，如第278窟西壁佛龛两侧选取乘象入胎、夜半逾城两个情节对称地画出（图3-10、3-11）。这样的表现最早出现于北魏第431窟，画在中心柱南向面的佛龛两侧。但从北魏、西魏到北周时期却没有再出现这样的内容，隋朝

3-11 莫高窟第278窟 - 夜半逾城

又再次出现。除了主要人物外，还增加了侍从人物，如菩萨乘象的画面中，身后有演奏乐器的二天人，大象前面也有莲座上演奏乐器的二天人。太子乘马的画面中除了托着马足的四个小天人外，前后都有飞舞的飞天。第397窟龛内也同样对称地表现乘象入胎与夜半逾城的场面，人物较多，配合飞天及云气飘动，营造出充满动感的气氛。虽然只有少数洞窟表现了这一题材，但这种表现形式经过隋代的发展，到初唐则更加流行。

3. 经变画

经变画是隋唐时代及以后佛教艺术中十分流行的主题。广义的经变是指依据佛经而创作的绘画或雕塑作品。狭义的经变，则是指综合表现一部佛经主要思想，且具有一定规模，人物众多，场面宏大的绘画（或雕塑）。学术界多采用狭义的经变概念，这样就容易区别于佛经故事画等主题画了。隋代的经变画主要有维摩诘经变、法华经变、弥勒经变、药师经变、涅槃经变、福田经变等内容。

（1）维摩诘经变，是根据《佛说维摩诘经》绘制的。佛经上说，维摩诘是个神通广大、能言善辩的居士，所谓居士，就是不出家的佛教信徒。由于维摩诘精通佛法，在佛教界十分有名，他经常称病在家。得知维摩诘有病，如来总要派人去探望他，而维摩诘则利用这个机会向前来探病的人们宣讲大乘佛理。据说佛要派弟子去探望维摩诘，但弟子们都害怕被诘难而不敢前往，佛就让"智慧第一"的文殊菩萨率众到维摩诘的住所。于是，两位大士——维摩诘与文殊菩萨就展开了精彩的论辩。维摩诘经变的基本构成就是文殊菩萨与维摩诘对谈的场面。

3-12 莫高窟第 420 窟
维摩诘经变之维摩诘

《维摩诘经》在中国十分流行，石窟中也大量出现雕刻或壁画的维摩诘经变。中国现存最早的石窟炳灵寺石窟第 169 窟壁画中就画出了维摩诘与文殊菩萨的画面，北魏的云冈石窟、麦积山石窟等都有维

摩诘经变的雕刻或壁画。莫高窟隋代壁画中共有11
铺维摩诘经变，表明是在隋朝大一统的形势下，由
中原传入的。从敦煌壁画中的维摩诘经变表现形式
来看，除了第423窟表现为一座殿堂之中，维摩诘与
文殊菩萨对谈的形式外，大部分画在佛龛两侧：一
侧表现维摩诘，一侧为文殊菩萨。以第420窟为例，
在西壁佛龛两侧的上部，北侧描绘在殿堂中维摩诘
凭几而坐，周围有侍从若干（图3-12）。与之相对的
是龛南侧，文殊菩萨坐在一座殿堂中，举手似作谈
论状，周围也有侍从若干（图3-13）。殿堂建筑成为
画面中的主体，殿堂外描绘水池与莲花。这是隋代
维摩诘经变较流行的形式。

（2）法华经变根据《法华经》绘制，《法华经》
是《妙法莲华经》的简称，佛教传入中国后最流行
的经典之一，魏晋南北朝以来有多种译本，其中鸠
摩罗什翻译的《妙法莲华经》最受欢迎，敦煌壁画中
也大多依据《妙法莲华经》绘制经变。《法华经》强
调大乘是佛教的唯一法门，强调众生通过自己的觉
悟而获得佛性。并指出了许多方便法门，任何人只
要护持、诵读、书写《法华经》就可能成佛。《法华
经》中还塑造了一个大慈大悲、救苦救难的观世音
菩萨的形象，人们在危难之时，只要口念观音菩萨
名号，即可得救。于是，长时期以来，观音菩萨在
中国深入人心，可以说是家喻户晓，《法华经》也因
此而得到最广泛的传播。

敦煌北魏石窟中就已出现了《法华经》的内容。
如第259窟正壁龛内就塑出释迦多宝二佛并坐的形
象，同样的形象，在西魏第285窟北壁、北周428窟
西壁也以壁画的形式表现出来。但因为只表现了一
个片断，我们不把二佛并坐图称为法华经变。到了
隋朝，才出现了真正意义上的法华经变。如第420窟

3-13 莫高窟第420窟维摩诘经变之文殊菩萨

窟顶四披详细描绘出了《法华经》的《序品》《方
便品》《见宝塔品》《化城喻品》和《观世音菩萨普
门品》等内容，是法华经变的早期形式。隋代第303
窟顶部还单独描绘了《观世音菩萨普门品》的内容。
到了唐代法华经变的艺术形式才臻于完善。

（3）弥勒经变。弥勒信仰在佛教传入中国的初
期就已流行，敦煌北凉时期的洞窟中已出现了弥勒
菩萨的造像，但作为内容丰富的弥勒经变则是在隋
代以后才流行起来的。有关弥勒的佛经有很多种，主
要流行的有《佛说观弥勒菩萨上生兜率天经》和《佛
说弥勒下生成佛经》。隋代的弥勒经变多描绘弥勒在
兜率天宫说法的情景，这是表现《弥勒上生经》的内
容。唐代以后，往往把《弥勒上生经》与《弥勒下
生经》合起来，重点描绘弥勒下生经的内容。《弥勒
上生经》主要讲弥勒降生于波罗奈国的婆罗门家，12

3-14 莫高窟第 295 窟 涅槃经变 隋

年后入灭，上生到兜率天，成为一生补处菩萨，在净土院为诸天说法。《弥勒下生经》则主要讲弥勒菩萨下生成佛后的种种景象，但隋代尚未出现弥勒下生经变。隋代的弥勒经变多绘于窟顶，如第 419 窟、423 窟、433 窟等。

（4）药师经变，也称东方药师净土变，是根据《药师琉璃光如来本愿功德经》等经典绘成，也是敦煌壁画中十分常见的经变画。佛教认为药师佛能治病救人，凡"无救、无归、无医、无药、无亲、无家"之人，只要供养药师佛，就可以得救。药师佛就成了深受苦难的人民心目中的救星，于是药师崇拜也就盛行起来。药师经还渲染了人世间的很多种意想不到的灾难，称作"九横死"，横死指死于非命。如生病求医，得到并不对症的药而误死；火灾而死；水灾而

死等等。药师佛曾发下的"十二大愿"，主要内容就是药师佛未成佛之前发愿，如果成佛将如何拯救人民于水火之中等事。药师佛有十二药叉神将作护卫，供奉药师佛，常常以燃灯供养。因此，药师经变中一般都会画出十二神将，并在药师佛前画出供养灯轮。这一点也成为药师经变的一个标志性特征。

（5）无量寿经变，是根据《佛说无量寿经》绘制的。表现的是西方净土世界的境象。无量寿佛也译作阿弥陀佛。无量寿佛所在的国土为西方净土世界。关于西方净土世界，有三部佛经影响极大，称为"净土三经"，除了《佛说无量寿经》外，还有《阿弥陀经》《观无量寿经》。依据这三部经典绘制的经变，可以通称为西方净土变。但在敦煌壁画中，已经可以明确分辨出无量寿经变、阿弥陀经变和观无量寿经变。

第393窟是最早出现的西方净土变，是为无量寿经变，画面主体以净水池表现净土世界，池中有莲花，还有化生。表现人们进入阿弥陀世界将从莲花中化生，从而脱离轮回之苦。

（6）涅槃经变，主要表现释迦牟尼入般涅槃之时，众弟子及世俗信众举哀的场面。这一题材在北周已经出现，隋代第280、295窟也采用同样的方法，只是人物有所增加。佛在双树林侧身而卧，众天人弟子等围绕佛像。大迦叶抚摩佛足，佛足前有须跋陀罗坐于火中，先佛入灭。旁边又有密迹金刚因悲哀过度而倒地。在佛像头部之前，有一妇女坐在束腰座上，这是表现佛母摩耶夫人得知释迦牟尼即将涅槃，急从天界赶来。虽然画面结构很简单，但所表现佛经的内容却很丰富（图3-14）。

（7）福田经变，在北周即已出现，通常表现佛教主张的广种福田之事，如修桥补路、帮助病人等等。在绘画表现上基本上是因袭北周的形式，在长卷式画面中表现情节，与故事画的形式一致。福田经变仅在北周至隋代石窟中出现，唐代以后不再出现。

4.传统神话题材

中国传统神话题材（主要是东王公与西王母）依然出现在不少洞窟。尤其是第305窟绘于窟顶人字披的南北二披。南披绘西王母乘凤车，北披画东王公乘龙车，前后有不少天人呼应，风驰电掣地向前行进。这样的表现形式与西魏第249窟窟顶南北披同样主题的风格一致。只是在第249窟窟顶四披中相应的还画出持节仙人与开明、雷公、辟电、朱雀、玄武等等传统神灵形象，而在305窟则仅出现了仙人、文鳐、鲸鲵，内容简化了许多。而在第419窟、423窟等窟中，东王公与西王母则主要画在窟顶弥勒经变的两侧，画面较小，没有了第305窟那样的气势。

3-15 莫高窟第390窟北壁 男供养人 隋

这一题材入唐以后便不再出现。

5.供养人画像

隋代供养人像保存较多，通常绘于四壁下部，男女分列。为了表现供养人的地位，往往在供养人身后还画出侍从，在供养人行列后面还画出车马等。第390窟可能是供养人形象较多的一窟，全窟从西壁龛下向南北两壁直到东壁下部均有供养人行列。男供养人从西壁北侧到北壁，共存51身，大部分供养人身后跟随侍从，侍从最多达四人（图3-15）。女供养人从西壁南侧到南壁共有32身，侍从人员也达三十多身。南壁东侧在女供养人后部还画出一队乐伎分别演奏着方响、琵琶、箜篌等乐器，这是音乐供养

3-16 莫高窟第427窟 菱格狮凤纹

3-17 莫高窟第407窟 三兔造型

3-18 莫高窟第392窟 双龙藻井

的场面。在东壁门两侧接着两壁的供养人身后分别画出牛车、马匹以及车夫等。

在第62窟、389窟、407窟等窟中都可以看到较多的供养人行列。男供养人大都穿圆领袍,系革带,穿短靴。妇女往往穿束腰长裙,外披帔帛。第281窟西壁下部的男供养人画面保存较好,可以清晰地看出供养人头戴幞头,身穿圆领袍,腰系革带。这些供养人的服饰无疑是服装史研究的重要资料。

6. 装饰图案画

隋朝洞窟的装饰较为丰富,纹样一方面继承了传统的莲花纹、火焰纹、忍冬纹等形式,一方面吸取了新传入的波斯风格的纹样,如联珠纹、狮凤纹(图3-16)、狩猎纹、兽禽纹等。反映了丝路兴盛带来的文化交流状况。

藻井的装饰层次丰富,刻画精致,往往在中央绘一朵大莲花,周围绘卷草莲花纹以及化生、飞天等形象,四周绘垂角纹、帷幔,象征一个华盖。除了井心绘莲花外,隋代藻井中出现了三兔图案,三只兔子在圆环中奔跑,但只画了三只耳朵,却每一只兔子都可看到两只耳朵(图3-17)。这是在平面构成中巧妙应用共用原理的例子,这一图案纹样同样来自中亚的影响。此外,隋代第392窟还出现了双龙莲花藻井,中央是一朵大莲花,两侧各有一条龙,两个龙首之间有一宝珠,正是后代所谓"双龙戏珠"的形式(图3-18)。

隋代洞窟中大部分人字披顶都绘出故事画或经变画,北朝以来的人字披图案不再出现。但在部分洞窟的人字披两披间的平顶部分,往往画出一条装饰带,如第427窟人字披中脊画出的卷草纹带饰,综合了莲花纹、忍冬纹以及化生题材以S形连续,形成充满活力的丰富纹样。

隋代洞窟的佛龛较大,而龛楣部分比起北朝诸窟相对较小。但是龛楣图案的装饰也十分华丽,龛楣主体以缠枝莲花与化生构成图案,外缘画火焰纹。这是龛楣的流行形式。如第407窟、292窟、390窟等。也有的洞窟龛楣仅画火焰纹装饰,如417窟、423窟等。隋代的佛光图案大体沿袭早期的题材,主要以忍冬纹、火焰纹装饰,有的还穿插千佛在图案中。

第四节　隋代壁画的艺术成就

1. 人物画艺术

隋代的画像，不论是佛像、菩萨像还是弟子像，均有庄重典雅而含蓄的特点，如第420窟西壁佛龛两侧各有弟子菩萨像，体形较大，体态端庄，由于色彩厚重，变色严重，面部表情已看不清楚，但从头部、手势的轻微动态中，仍可感受到人物微妙的动态。另一类壁画则是色彩较淡，因而变色较轻微，至今仍可清晰看到人物的形象。第276窟的维摩诘经变比较特别，画面中仅仅出现了维摩诘与文殊菩萨这两个主角。两人都采用站立的姿势，维摩诘位于佛龛的北侧，手持麈尾，面向文殊菩萨，嘴唇微启（图3-19）。与之相对的龛南侧是文殊菩萨站在莲台上，双手上扬，作论辩的姿态。两个人物都画得很大，以线描造型，体现了画家对人物性格的把握。同窟南北壁均以整壁绘出说法图，因而佛、菩萨及弟子的形象较大，如南壁表现迦叶左手托钵，右手持花向佛，嘴唇微启，似在说话，身体的动态与面部的表情相配合，显出生动之态。旁边的观音菩萨一手执净瓶，一手持杨柳枝，双目微闭。画家通过长长的飘带及柳枝的飘动，衬托出人物的轻微动作。北壁说法图中，特别是西侧的胁侍菩萨一手托花，一手提着净瓶，头侧向佛，身体略向中央倾斜，体现出身体的动势。对人物形体、动态的描绘与表现人物的精神状态完美地结合起来，达到了"气韵生动"的效果。

对天人的描绘，一般不会像形体较大的菩萨、弟子那样仔细刻画人物形象，但往往以群体飞动的形态来营造一种气氛，使壁画整体呈现出生动的气韵。如第305窟窟顶四披，配合东王公、西王母的主题，

3-19 莫高窟第276窟 维摩诘像 隋

还画出了众多的飞天，如北披的东王公龙车上有一身羽人引导，前面有飞廉，前后均有数身飞天飞舞跟随。飞天拖着长长的飘带，与天空中的彩云和天花相映衬，体现了浩浩荡荡行进的趋势（图3-20）。与此相对南披的西王母乘风辇行进，飞天前后跟随，也表现了同样的气氛。东、西两披的布局大体一致，

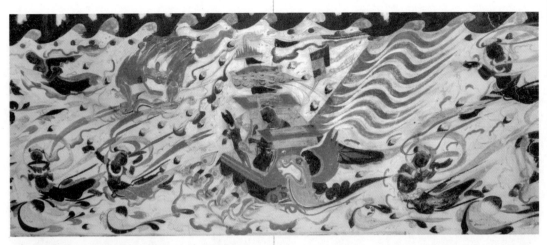

3-20 莫高窟第 305 窟窟顶 东王公 隋

3-21 莫高窟第 404 窟 飞天 隋

都在中央画摩尼宝珠，两边各有四身飞天向着中心飞来，这样，窟顶画出了十几身飞天，在彩云飘扬、天花飞舞的空中，构成了一个飞天的世界，使整个窟顶的空间变得无限辽阔深远。

大部分洞窟根据窟内的布局，往往沿袭北朝的布局形式在四壁上部画出天宫栏墙与飞天，绕窟一周，具有很强的装饰效果。如第 423、390、244 等窟，飞天演奏着不同的乐器，飞行急速，飘带翻飞，彩云流动。烘托出飞行于空中的气氛。

不少洞窟还以深蓝作底色，象征着天空，飞天的飘带配合流云构成轻快飞动的效果，造型简练、优美，动作急速，色彩变化丰富。如第 404 窟，画家以蓝色作底，并有意表现出颜色由浅到深的变化，具有光的自然效果，非常真实地表现出飞天轻盈地飞行于天空的情景。如北壁上部的两身飞天，头梳双环髻，前一身飞天穿着大红的长裙，回头吹奏着笙，显得很悠闲，后一身飞天穿黑色长裙，一手托着一朵莲花，虔诚地向前飞去，在蓝天的背景中，有一种脱壁欲出之感（图 3-21）。但在很多洞窟，由于变色严重，底色形成了深褐色与蓝色交织的状况，犹如一道道奇妙的色光，反而使这些飞天透露出一种不可思议的神秘感。

2. 山水画艺术

北朝以来的故事画往往以山水树木作为背景。

3-22 莫高窟第419窟　故事画中山水　隋

故事画中人物越来越小，而背景的画面愈来愈多，则是北朝至隋代总的倾向。第419窟在窟顶人字披两侧画出须大拏本生和萨埵本生故事画，第420窟在窟顶画出法华经变，这两窟壁画山水背景的画法非常相似。在山峦的上部往往画出一层绿色的植物，就像一顶帽子一样，在其中画出细密的线条，显然是表现山中的树木，看起来却如草、如苔一般。当山峦重叠时，这些树木的表现就使层次变得非常丰富（图3-22）。这一手法，一直影响到唐代壁画中的山水表现。山峦都用石绿、石青、赭石等多种颜色混合染出。由于时代久远，壁画大多已经变黑，但当初一定是十分绚丽灿烂的。

第420窟窟顶东披画出观音救难的场面，右侧一条河流由远而近流下，河中有人遇难，河边画出慈祥的观音菩萨向河里伸手，正在搭救溺水者。曲折的河流上部细下部宽，体现出远近的空间距离（图3-23）。左侧表现大海中有人遇难的情景，画出数人乘小船航行于大海，或遇大风浪，或遇海中怪兽，因此画出大海及波浪。但当时的画家还未掌握描绘大海的技法，画出的大海仍像水池一样，在水池中还画出莲花。海浪的描绘，令人想起彩陶纹饰中的波浪纹。

第303窟四壁下部横卷式画面中，稀稀落落地分布着山峦和树木，树林中还画出鹿、羊等动物，或在

觅食，或在奔跑，表现出山林自然的气息。树林的表现也很有趣味，有的整齐排列，有的则枝干弯曲，呈现出如舞蹈般的动态。树叶大都具有装饰性。驼峰式的山头也体现出不同的形态，山峦的用色简淡而和谐，除了赭红色以外，就是黑色、白色。山峦上由深到浅的着色方法，似乎类似于后来的"皴法"的特点。北魏以来，洞窟中四壁下部通常是画金刚力士的，即使有山水也是金刚力士的背景。而在这个洞窟，第一次描绘出没有佛教内容的山水了。看起来最初是由于佛教的需要而画出山水作为背景，在这里则已经把本来固有的佛教内容抛开，成为了纯粹的山水画了。说明山水画审美意识已超越了佛教主题的需要。

隋朝故事画背景的各类树木空前增加，绘制也十分细腻。第419、420窟窟顶故事画和经变画背景中，可辨认的树木有竹、柳、柏等品种，除了故事画背景外，在大量的说法图中，也可看出对树木的描绘。如第276窟可明显看出松、柳、梧桐等树木。如北壁的菩萨身后的松树体现出挺拔直立的特点，西壁的树表现出梧桐枝繁叶茂的特征，每一张树叶都用线描具体地勾出轮廓；南壁的树类似槐树，树叶采用"介"字点法。在每一棵树粗壮的树干上，都仔细地画出了树的纹理。反映了隋朝山水画的深入发展。

隋末第276窟在南北两壁与西壁相连处附近，分

3-23 莫高窟第 420 窟法华经变中山水 隋

3-24 莫高窟第 276 窟北壁 菩萨及背景山水

别画出奇崛的山峰，如北壁西侧菩萨的旁边，最下部是一个山坡。上部画出坚硬的岩石，顶部岩石向右翘出，显得很险峻，岩石用赭红线条勾勒，有的部分染出石青和赭红色，表现出岩石的阴阳向背。在岩石上

还画出一些树木（图3-24）。岩石与树木、与人的比例还不太协调，但这与传统的山岩画法完全不同，不再停留在对山峦的概括性笼统的描绘，而是把山岩作为近景来刻画，强调岩石细部的质感。此后，敦煌壁画中的山峦表现开始注重近景与远景的区别，空间关系的表现进入了一个新阶段。第276窟壁画中对近景岩石的刻画方法，在莫高窟唐代以后才流行开来，如第103窟、217窟等窟壁画中可以看到类似的画法。在内地同样也是在唐代的壁画中可以看到，如西安附近出土的唐李贤墓壁画、李重润墓壁画等等。这一点也体现出第276窟壁画的划时代意义。

3. 故事画艺术

隋代的故事画大多采用长卷式连环画的形式，这是北周已较成熟的表现形式，隋朝表现得更加细致，特别是其中的山水、建筑等背景更加丰富。这一点前面已有叙述。值得注意的是佛传故事中选取乘象入胎、逾城出家两个情节以对称的形式画在佛龛两侧上部，这一表现方式一直流行到初唐时期。以乘象入胎、逾城出家两个情节来象征佛的一生，这在北魏第431窟已经出现，但在其后的西魏、北周时代均未出现，隋朝则在第278窟、280窟、383窟、397窟等窟均画出这一主题，并增加了更多的内容。第278窟西壁北侧画一菩萨乘大象缓缓而行，后面有两身伎乐分别演奏着箜篌、琵琶。前面象牙之上也有两个小天人在演奏音乐。西壁南侧画一人乘马奔驰，下面有四个天人分别托着马足在彩云中急驰。两边的画面相对，北侧菩萨乘象，画面舒缓；南侧太子乘马，奔跑迅疾。一张一弛，颇有意味。壁画以土红色为底，人物服装间以白色、石青、赭色。色彩简略而对比强烈。同一题材在第397窟龛顶两侧，风格却迥然不同。这里不论是菩萨乘象还是太子乘

马的画面都充满了动感，大象在奔跑，马也在空中奔驰，周围的天人及翻飞的彩云也加强了这一动势。画面营造了一种满壁风动的气氛，正与龛内中央的火焰纹佛光的跃动感相呼应。

4. 经变画艺术

隋朝的经变画主要有两种表现手法，一种是以长卷式画面按一定顺序表现佛经中的内容，如第302窟窟顶东披福田经变、第303窟窟顶人字披东西两披的观音菩萨普门品，均为长卷式画面中，一图一事，图解佛经的内容。第420窟在窟顶四披大体按三段长卷式的画面，连续表现法华经的内容，但在很多地方根据画面的需要打破了三段的界限，如西披表现譬喻品中的火宅与三车，北披表现涅槃以及灵鹫山的场面占了较宽的画面。长卷式画面形式基本上借用了北朝以来的故事画形式，尚未体现出经变画自身的特征。另一种是通过建筑或背景山水构成一定的空间，表现众多的人物活动场面。弥勒经变、药师经变是这一形式的代表。第423窟人字披西披画弥勒经变，中央有歇山顶大殿一座，面阔五间，殿内弥勒菩萨端坐于中央，两侧各有二菩萨胁侍。大殿两侧各有三层楼阁一座，楼阁中有伎乐演奏音乐（图3-25）。画面的两侧又各有一组菩萨，分别围绕一大菩萨。上部有天人飞舞。全画描绘菩萨、天人等有五十多人，又通过建筑、树木来衬托环境，殿堂内外、天上地下，显示出空间的层次十分丰富。类似的表现还有第419窟、433窟的弥勒经变等。维摩诘经变也主要以建筑来表现空间。如第420窟佛龛两侧上部的维摩诘经变，各有一大殿，北侧大殿内中央是维摩诘凭几而坐，周围有听法比丘等众二十多人，还有四人坐在殿外。南侧画面中，大殿内中央为文殊菩萨坐在高座上，周围听法菩萨等众二十多人。

3-25 弥勒经变 莫高窟第423窟窟顶西披 隋

3-26 莫高窟第394窟 药师经变 隋

大殿周围可见竹、树、水池等景，显示出空间环境。殿堂的表现取侧面的角度，以体现空间进深感。

现在所知最早见于画史记载的弥勒经变，是隋朝画家董伯仁所绘。董伯仁与展子虔齐名，而论者认为董在"台阁"方面更胜于展，也就是说董伯仁在建筑画方面更强。《历代名画记》说："董则台阁为胜，展则车马为胜……俗所共推展善屋木，且不知董展同时齐名，展之屋木不及于董。李嗣真云：三休轮奂，董氏造其微；六辔沃若，展生居其骏。而董有展之车马，展无董之台阁。此论为当。"隋代是一个建筑画发达的时代，除了董伯仁外，当时的画家展子虔、郑法士等，也都善画台阁。可能正是在此风气之下，隋代的故事画、经变画中建筑画大量出现。

但也有一些经变画不画建筑。如药师经变中往往没有建筑，通常在药师佛前有一个或两个灯轮以表现燃灯供养的场面。药师佛两侧画胁侍菩萨及十二神将等，画面相对较单纯。而在这些或坐或立的佛、菩萨等形象的排列中，也正预示着大画面经变的构图秩序。如第394窟东壁的药师经变（图3-26），中央为药师佛坐于莲座，胁侍菩萨立在两侧，左右两侧的十二神将胡跪向佛作供养之态。画面中十二神将各分两列斜向排列，体现出一种进深感。

第393窟的无量寿经变以净水池为背景，无量寿佛端坐于水池中央的莲座上，两侧二大菩萨分别坐在莲座上，水池中有莲花和化生。在这一佛二菩萨后面，可见各有几组佛像，均为一佛二菩萨，分别坐在

127

3-27 莫高窟第393窟 无量寿经变（线描，李其琼绘）

水池中的莲座上。近处的佛像较大，远处的佛像画得较小，形成一种透视感（图3-27）。显然画家是在用背景衬托一种空间层次，从而使画面有一个相对真实的空间感。这样的手法到了唐代得到极大的发挥，成为经变画的重要特色。

总之，从隋朝出现的经变画来看，不论是人物的排列组合，还是建筑与山水背景的表现，画家们都在努力探索经变画的各种可能。以殿堂建筑为中心的布局，显然较为适合表现佛教那种庄严与崇高的精神，以中轴对称的格局来表现人物众多的经变，最终成为了后来净土经变的流行作法。但是由于人物众多，对细节的表现也是宗教所需要的，如何组织

较多的人物，表现不同的场景，画面的空间表现就成为画家首先要考虑的问题。可以说经变画的发展，促进了中国绘画对空间表现的追求，而空间表现技法的成熟又得益于中国山水画、建筑画的发展。

4. 装饰画艺术

隋朝在装饰艺术方面充满了创造精神，藻井图案内容丰富而表现细腻，如第401窟的藻井，中心是一朵八瓣莲花，莲花周围有四身飞天，并有翼马、凤凰等神禽异兽四身，他们不是很整齐地排列，而是自由地朝着一个方向飞行，飞天分别弹奏着琵琶、横笛、笙等乐器，体态轻盈。碧绿的底色衬托出一种清澈明净的气氛。在方井四周绘出华丽的禽鸟联

3-28 莫高窟第 407 窟藻井 隋

3-29 莫高窟第 420 窟龛内 背光图案 隋

珠纹、鱼鳞纹和垂角纹,外层的色彩富丽与中心的单纯明净形成对比,别有一番情趣。第 407 窟的藻井可以说是隋代藻井的典范之作,这个藻井中心也是一朵双层八瓣大莲花,花心是一个绿色的圆圈,圆圈中画出三兔造形。在莲花的周围又有八身飞天环绕莲花飞行,这些飞天手托鲜花,兴高采烈地行进,长长的飘带伴随着流云、鲜花充满了空中,具有热烈的气氛。仔细观察就会发现有两身披着袈裟的和尚也加入到了飞天的行列。一身持杖,一身托钵,这是隋代飞天中独特的成员。在藻井的四周,还画出菱格莲花纹和鳞片纹、垂角纹等,色彩华丽,配合着飞天与三兔奔跑强烈旋转的动势,充满了生机勃勃的激昂情调(图 3-28)。

除了传统的忍冬纹、莲花纹、火焰纹等纹样外,隋代图案中令人瞩目的是联珠纹、菱格纹、狮凤纹等来自波斯的纹样,在一些彩塑菩萨的衣纹上,往往也画出这些图案,因为这是当时纺织品、服装上流行的波斯纹样,是隋代中外文化交流的反映。

隋代图案还十分注重色彩效果,如第 292 窟、420 窟、427 窟等窟的佛背光图案,画家着意以青绿色染出具有光线变化特点的效果,配合白色及金色等颜色的勾线,表现出了奇妙幻化的佛光,体现出画家丰富的创造力(图 3-29)。

总之,隋朝石窟数量大大地超出了前代总和,在北朝石窟传统的基础上,大胆吸收不同地域、不同风格的艺术,在形式、技法和风格上进行广泛的创新,呈现出别具一格的艺术风貌。隋代历年较短,但隋代洞窟开启的很多艺术形式到唐代更加发扬光大了。

第四章 唐代前期石窟艺术

　　唐朝历史近三百年，莫高窟开窟造像数量极大，为莫高窟各时期之最。学术界把敦煌唐代的历史大体分为初唐、盛唐、中唐和晚唐四个时期。初唐时期指唐朝建立到长安四年（618-704）期间；盛唐指唐神龙元年至建中二年（705-781）期间；中唐指安史之乱后吐蕃占领敦煌期间（781-848），晚唐则是指张议潮率众起义，推翻吐蕃在敦煌的统治，敦煌重新归复唐朝，直到唐朝灭亡的时期（848-907）。吐蕃占领敦煌，是敦煌石窟艺术发展史上的一个转折点，如果把唐代分为前后两个时期，吐蕃占领敦煌就是一个分界线。唐前期包括初唐、盛唐，唐后期包括中唐、晚唐。本章主要叙述唐前期的艺术。

　　唐代前期由于丝绸之路的繁荣，唐王朝控制了包括现在新疆全境及中亚部分地区，敦煌成为丝绸之路上的重要都市。在当时的首都长安及洛阳等大都市形成的最新文化信息，很快就会传入敦煌。而从西域传来的宗教文化也首先传入敦煌，再传入中原。唐王朝是极其崇信佛教的时代，尤其是武则天时代，不仅由朝廷组织抄写佛经，颁布天下，而且下令全国各地造弥勒大像。在这样的政治、宗教环境下，敦煌以其地理优势造就了无比辉煌的佛教石窟艺术。唐朝前期是敦煌艺术发展的极盛时期，敦煌石窟（包括莫高窟、榆林窟及西千佛洞）新建洞窟达150多个。其中还出现了几座规模宏伟的大佛窟和涅槃窟。

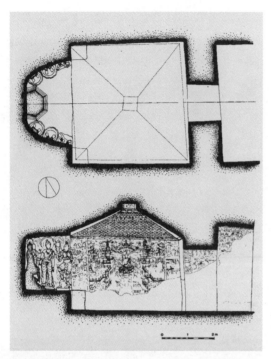

4-1 莫高窟第45窟平面、立面图

4-2 榆林窟第17窟内景 初唐

第一节　唐代前期的洞窟形制

唐代前期的敦煌石窟承隋余绪，还有一些大型中心柱窟，但覆斗顶窟已成为这个时代最流行的窟形。隋代那种双层龛也逐渐被大型敞口龛所取代。也有少数特别的窟形，如大像窟和涅槃窟等。

1. 覆斗顶窟

覆斗顶窟在唐代成为最流行的洞窟形制。初唐的一些洞窟还保持着隋代的风格，洞窟正壁的佛龛为双层龛，如初唐第57窟、322窟等窟。较多的覆斗顶窟则在正面开一敞口龛，龛外两侧在西壁与南、北壁相连的地方分别建一与龛沿齐高的台，以安置天王或力士塑像。如第45窟、328窟、329窟、217窟等（图4-1）。这一形式从初唐到盛唐都是最流行的窟形。

还有少数较为特别的覆斗顶窟，如第46窟，在西、南、北三壁各开一龛，但与隋代的三壁三龛窟不同，南壁龛内为涅槃像，北壁龛内塑七佛。第209窟则不开龛，而在正壁靠墙设佛坛。第205窟则在中心设佛坛。但这些异例为数较少。

2. 中心柱窟

中心柱窟的形式是北朝流行的窟形，到了唐代已经数量不多，初唐莫高窟第332窟可以说是承隋代余绪，在洞窟结构上与隋代第427窟非常相似，中心柱四面均不开龛，而在正面造一佛二菩萨的三尊立像，在南北壁也各造三尊像，与正面的佛龛一起构成三世佛的格局。后壁则开龛造涅槃佛像，这一题材的出现，令人想到克孜尔石窟中最流行的中心柱窟——通常在后壁或塑或绘出涅槃佛像，反映了涅槃与弥勒信仰。显然第332窟具有龟兹石窟的这种因素。此外，在盛唐时期莫高窟还有两例中心柱窟较为特别，为第39窟、44窟。窟顶前部为人字披顶，后部为平顶，但中心柱仅在正面开一龛，其余三面不开龛。因此，有的著作称之为"中心龛柱"。第39窟还在洞窟南、西、北三壁分别开龛，而西壁龛内为涅槃像，又与第332窟的主题一致，同样可看作是龟兹石窟的因素。第44窟则在南北壁各开二龛，看似不规范，也未尝不能看作是唐代石窟建造者努力避免雷同，体现其创造力。

值得注意的是在榆林窟出现了三座大型的中心柱窟。榆林窟第17窟（图4-2）、第28窟、第39窟均为中心柱窟。现存第28窟和17窟的龛内可见初唐风格的壁画，而第39窟壁画则完全在回鹘时期重绘。据调查，第39窟在洞窟规模和结构、塑像的配置等方面与第17窟完全一致，推测应是同时营建的。此三窟主室平面均为方形，洞窟的中心建中心方柱，方柱有高约1米左右的台座，柱的四面开龛造像，正面与两侧面龛内为坐佛，后面则为立佛。窟顶没有莫高窟中心柱窟那种人字披和平顶，而是从中心柱四边向四壁微微倾斜的斜坡。

3. 大像窟

大像窟是唐前期十分引人注目的洞窟。莫高窟第96窟、130窟和榆林窟第6窟均造大佛像，而洞窟形制也因大佛的营建而形成自身的特点。建于延载二年（695年）的第96窟内有高35.5米的大佛像（俗称北大像），估计当时已突破了崖壁的顶部，只能在大佛外造窟檐来保护佛像。窟檐经过历代重修，唐代建为四层重檐，五代重修为五层，清朝末年（1898年）重修，改为七层。民国时期，1928-1935年间再次重修，改为九层。现存的窟檐就是民国时期的面貌，俗称九层楼（图4-3）。第130窟建于开元天宝年间，内有高26米的大佛（俗称南大像），窟顶为覆斗顶（图4-4）。除了东壁下部开门外，在靠近大

4-3 莫高窟第96窟外景（九层楼）初唐

佛头部和腹部的位置各开一个明窗。透入的光线正好使观众可以看清大佛的头部和身体。在第130窟前发现规模较大的殿堂遗址，表明当初营建大佛之后，在窟前同时修建了佛寺殿堂，与洞窟相连。为前殿后窟的结构。榆林窟第6窟开凿年代不详，但从大佛的风格及大佛流行的时代看，推测为初唐所建。此窟内有高24.7米的大佛像，窟顶为穹窿顶，大佛窟的下部开门，上部接近大佛胸部的地方开明窗。大佛窟前现在仍有小型院落与洞窟相通。

4. 涅槃窟

涅槃窟仅有一例，为盛唐后期营建的第148窟，此窟平面为横长方形，洞窟西侧设高约1米的佛床，上有长达14.5米的涅槃佛像。窟顶为券顶，洞窟南北两壁各开一深龛，龛顶为盝顶形，配合涅槃佛像而形成三世佛的结构。涅槃佛像与通常的立佛或坐佛不同，因为佛是横卧的，洞窟形制也必须相应作一些变化，从而形成特殊的窟形。

第二节　唐代前期的彩塑艺术

　　唐前期彩塑一个总的趋向，就是伴随着写实化技法的高度成熟，艺术家能够自如地表现不同人物的精神风貌，达到传神的效果。第322窟、57窟等窟的佛像还留有隋朝余韵，第328窟、205窟的佛像、菩萨、弟子像均能体现出不同的个性特征。第328窟是彩塑保存相对完好的一个窟，正面敞口龛内塑一佛二弟子二菩萨和四身供养菩萨（其中龛南侧一身供养菩萨被美国人华尔纳盗走，现藏于哈佛大学美术博物馆）。在佛两侧的胁侍菩萨以坐姿来表现，而且除了主要胁侍菩萨之外，又表现胡跪的供养菩萨，这都是新出现的形式。在这组塑像中，佛弟子老迦叶身体直立，双手合什，目光下视，面部表情反映出一个智者在思索的神情，外表的静与内心的动统一在了这个雕塑形象之上。而与之相对的阿难双手抱在腹前，身体略为倾斜，脸上充满了朝气。菩萨像为坐姿，一条腿曲盘于座上，另一条腿自然垂下。菩萨上半身则挺直，表现出庄严、矜持的神情（图4-5）。龛外沿的供养菩萨形体较小，作胡跪姿势，体态与神情同样表现得细腻而含蓄。

　　第205窟佛坛南侧的菩萨坐像双臂已残，上身半裸，肌肤的色彩变成了黑褐色，但全身比例匀称，不论是前胸还是后背的肌肤都十分

4-5 菩萨与弟子
莫高窟第328窟西龛北侧 初唐

4-6 莫高窟第205窟 菩萨 初唐

自然写实，而且富有神气，表明艺术家在人体塑造
艺术上的极高造诣（图4-6）。

　　第45窟的彩塑，表现出盛唐期雕塑艺术的进一
步发展，即对一组七身的群塑整体的表现，充分体现
不同的人物特征与性格（图4-7）。此时的艺术家对
于人体比例及人物性格的表现已十分圆熟，而更注

重精神气质的表现。如迦叶和阿难，不仅仅是一老一
少的僧人，而是通过对其眼神、手姿等方面的刻画，
传达出得道高僧的睿智。菩萨表现为立姿，身体比例
上略长，更能显示出女性婀娜、柔美之态（图4-8）。
天王刚强、勇武的神态，正好与菩萨的慈祥、温婉
形成对比。第46窟、66窟、320窟、445窟等窟的

4-7 莫高窟第 45 窟龛内群塑 盛唐

彩塑，均与 45 窟是同一类风格。只是有的洞窟彩塑
保存不完整，有的塑像经后代重修。

第 384 窟保存了较完整的一组九身彩塑，中央
为佛结跏趺坐，两侧为弟子迦叶和阿难，外侧各有
二身菩萨，一身为立姿，一身为胡跪状。龛外两侧
各塑天王一身。除一老一少的佛弟子形象与第 45 窟

相似，其余的彩塑体现出迥然不同的风格，特别是
菩萨像面型圆润，肌肤饱满，神情自然，衣纹简洁，
眼、鼻、嘴唇以及手指等细微处都体现着艺术家细
腻而精致的刻画（图 4-9）。

第 194 窟是一个小型洞窟，正面开一个帐形龛，
内塑一佛二弟子、二菩萨、二天王，龛外两侧各塑力

士一身。这一铺9身彩塑是盛唐彩塑的杰出代表。中央的佛双腿下垂，作善跏坐姿，一手上举作说法势，一手放在膝盖上，表情平静，神态慈祥。北侧的菩萨斜挎披帛，罗裙垂地，赤足站在莲台上，身体向后微微倾斜，显出妩媚的姿态；南侧的菩萨头梳双环髻，长眉入鬓，面颊丰腴，双目低垂，嘴角深陷，露出隐隐的笑意；她的左手上举（手指已毁），右手下垂；身穿华丽的圆领无袖上衣，披帛围绕，搭于左肘；体态丰腴，肌肤莹洁。身体自然舒展，衣纹飘柔，衣饰富有质感，反映了古代匠师高超的造像技巧。菩萨旁边的天王，发髻高耸，身披铠甲，神情敦厚，面带爽朗的笑容，分明是一个性格豁达、心胸宽广的将军（图4-10）。龛北侧的天王与南侧又有不同，他戴头盔、着铠甲，雄健威武。身体前倾，重心放在右腿上，右手执兵刃（已失），左手前伸，脸上露出刚毅、果敢的神情。这一组彩塑以佛为中心，突出表现一种庄严而又带有浓厚人间气息的境界。不论是佛、弟子还是菩萨、天王，都显得真实可感，他们不再是远离人世

4-8 莫高窟第45窟 菩萨 盛唐

4-9 莫高窟第384窟 供养菩萨 盛唐

的神。从菩萨身上我们可感知那个时代的妇女温婉、娴静的个性；而天王、力士，也都是唐朝现实生活中将军、士兵的写照。

大佛造像是唐前期彩塑的特别之例。大佛思想源于弥勒崇拜，从中亚的巴米扬石窟，到中国的敦煌石窟以及云冈石窟、龙门石窟等等，都可看到大佛造像。而唐代前期，由于帝王倡导，并有经济发达的基础，全国各地都在营造大佛。敦煌于 695 年营造了 35.5 米高的弥勒大佛（第 96 窟），盛唐时期又造了高达 26 米的大佛（第 130 窟），后人因其位置而称之为北大像、南大像。榆林窟第 6 窟也在初唐造了高达 24.7 米的大佛。这三座佛像均为倚坐的弥勒佛像，大佛依山而建，为石胎泥塑，先在岩石上凿出大体的形状，然后敷泥塑造，最后彩绘完成。虽经后代重修，但从其身材比例、神态坐姿仍可窥见原作的高超水平。巨型大佛的制作，与小型佛像有诸多不同，特别是在比例上，需要上半身大，下半身小，才能适合观众的视觉。而具体到头部的眼、眉、耳、鼻、唇等造型，都与小型塑像差异较大，不同的高度，造成视觉的不同变化，都需要在佛像的塑造上进行多方修正，这方面技术性较强，也体现着古代艺术家的智慧。三座大佛中，第130 窟大佛基本保持了原作风

4-10 莫高窟第 194 窟
菩萨与天王 盛唐

貌，体量的巨大与面貌的优美相协调，表现着唐代所追求的庄严与优雅的结合。

第三节 唐代前期壁画的主题和布局

　　唐代前期的壁画题材主要有佛像画、佛教故事画、经变画、供养人画像和装饰图案画等。由于经变画的盛行，一窟之内，往往经变画成为最吸引人的主题，相比之下，其他的题材似乎成了配角。但不论是什么题材的内容，画家都以极大的热情进行细致的描绘，并赋予丰富的创造力，使这一时期绘画绽放出绚丽的光彩。

　　1. 佛像画

　　以说法图表现佛像，是北朝以来的传统。初唐第 57 窟、322 窟等都在南北壁主要位置绘出说法图，如第 57 窟南壁的说法图，佛弟子和胁侍菩萨众多，人物性格表情刻画细腻。部分说法图还着意表现背景中水池、树木等，显然受到经变画场景描绘的影响。大部分洞窟因在南北两壁都画经变画，仅在龛顶和东壁门上部画说法图。如第 334 窟在西壁龛顶画说法图，而第 321 窟、329 窟等均在东壁上部或门两侧画说法图，有的说法图表现出明确的佛像特征，从而可以判定为阿弥陀佛或者药师佛等，如第 321 窟东壁南侧的说法图，中央的佛像一手托钵，一手持禅杖，可知为药师佛（图 4-11）。

4-11 莫高窟第 321 窟东壁
药师佛 初唐

　　佛弟子的形象多绘于龛内，往往把佛的十大弟子形象都绘出来。菩萨像除了在说法图中作为佛的胁侍外，也往往在壁画下部画出一列菩萨，通常称为供养菩萨，如第 209 窟、323 窟、401 窟等均在南北两壁画出菩萨行列。而第 323 窟画得形象尤其高大。入唐以后，往往在佛龛两侧以及东壁门两侧画出单尊菩萨像，形体较大，如第 57 窟、66 窟、217 窟均在佛龛两侧画出形体高大的菩萨像。其意义当是作为龛内佛像的胁侍。如第 217 窟还可以判断为观音菩萨与大势至菩萨。还有一些洞窟画出单独的观音菩萨，如第 321 窟东壁门北侧为十一面观音像，观音两侧又各有一菩萨为胁侍。

文殊菩萨与普贤菩萨较为特别，通常会画出一批侍从菩萨与天人，如第 220 窟在西壁龛外两侧分别绘文殊与普贤菩萨，在第 172 窟则绘于东壁门两侧。由于侍从人员较多，而且还往往绘出山水背景，分别被称为文殊变和普贤变（图 4-12）。但与其他的经变不同，并没有更多的经变情节，仅仅表现文殊和普贤菩萨行进的形象，所以也称为"文殊赴会图""普贤赴会图"。

天人的形象表现得较多，通常在佛龛顶或说法图、

4-12 莫高窟第 172 窟东壁普贤赴会图 盛唐

经变画的上部表现飞行于天空的天人形象。如第 321 窟还将龛顶绘成蓝底色以表现天空，画出众多的天人或飞或立。但如隋代洞窟那样沿四壁上部绕窟一周的飞天形象逐渐减少。但是化生的形象在一些洞

4-13 莫高窟第 323 窟北壁 张骞出使西域图 初唐

窟中有特别表现，如第 329 窟佛龛两侧各绘出两个化
生童子，分别踩着莲花，手攀莲茎，似在游戏。

2. 故事画

这一时期的佛传故事画延续隋代的做法，表现
佛传故事"乘象入胎"与"逾城出家"两个情节，在
佛龛（或佛背光）两侧对称画出，如第 329 窟龛顶北
侧画出"乘象入胎"，南侧画出"逾城出家"，画面
中人物众多，气氛热烈。这一题材仅见于初唐少数
洞窟，盛唐以后就不再出现。

除了传统的佛传故事外，这一时期出现了佛教
史迹画。故事取材于佛教感应传说，包括古代称为
"感通故事""感应故事""圣迹故事"的内容等，主
要是宣传佛教有道高僧通灵的故事。虽然大多是一
些传说，又往往与佛教发展的历史相关，因而称为
佛教史迹画。第 323 窟比较集中地于南北两壁绘制了

多幅佛教史迹画。如北壁西侧绘张骞出使西域图（图
4-13）。西汉时期张骞受汉武帝派遣出使西域，开通
了丝绸之路，这在历史上非常著名。但佛教传入中
国之后，这一故事被演绎成汉武帝打匈奴时缴获了
金人（佛像），却不知其名号，因而遣张骞出使西域，
到大夏国问佛的名号，得知为佛像，便供奉于甘泉
宫。这是佛教版本的张骞出使西域故事，虽然有违
历史真实，但却是佛教壁画中难得见到的反映汉代
历史故事的画面。

佛图澄神异故事。佛图澄是晋、十六国时期西域
的名僧，少年出家学道，精通佛法，曾帮助石勒建立
了赵国，被封为国师。据说佛图澄擅诵神咒，能役使
鬼神，观面相知人意，治疑难病，懂起死回生术等。
他能听风铃声音而辨知吉凶。一次，佛图澄为石虎说
法时，突然感到有异，告诉石虎，幽州四城门起火，

并端酒向空中洒去。在场的众人将信将疑，石虎派人到幽州查验，回报说当日幽州发生火灾，后天降大雨而火灭，雨中有酒味。

石佛浮江故事，讲的是西晋建兴元年（313 年）在吴淞江口，渔民们远远看见两石像漂浮于海面上，以为是海神，遂敬香远迎，谁知海上风浪大作，渔民见此情景，心中害怕而返。有信道教者，以为是他们的天师降临，遂设醮坛，大兴法事，结果风浪不减，越来越盛。后来信奉佛教的居士朱应听说此事后，和东林寺僧人及佛教徒数人到江边，设斋向石像稽首唱赞歌，江面上立刻风平浪静，两个石佛踏水而至，佛像背后各有铭文，一名"维卫"，一名"迦叶"。朱应等人立即以船接迎，小舟远载两石佛像入通玄寺。

壁画中还有三国康僧会在吴国的神异故事；扬都出金像故事；隋朝昙延法师为隋文帝祈雨的故事等等。

3. 经变画

唐代以后，经变画成为壁画中最重要的内容，往往在洞窟的南北两壁及东壁整壁画出经变画，如涅槃经变、维摩诘经变、弥勒经变、药师经变、法华经变等，虽然在隋朝已出现，但所表现的情节故事大大增加。另有不少新出现的经变，如观无量寿经变、天请问经变、报恩经变、劳度叉斗圣变、十轮经变等等。

观无量寿经变

唐代前期，在西方净土变中无量寿经变、阿弥陀经变和观无量寿经变都已出现，其中观无量寿经变是最为流行的，它与无量寿经变和阿弥陀经变的区别在于：除了在中央部分画出与前二者类似的净土世界以外，往往在画面的两侧以条幅的形式画出《观无量寿经》的"序品"和"十六观想"的内容。序品

即"未生怨故事"，大意是讲：王舍城的国王频婆娑罗（又称瓶沙王）有一太子名阿阇世，自幼受到国王和王后的宠爱，太子长大成人后，一天忽然心生恶念，篡夺王位，将父亲幽闭在七重深牢，断绝食物，欲将其饿死。王后韦提希夫人十分想念国王，就把蜜面涂在身上，以葡萄汁灌于璎珞之内，来到狱中，从身上取下蜜面和葡萄汁给国王充饥。经过二十余日，国王并未饿死。阿阇世生疑，拷问狱卒，得知是王后所为，当即大怒，就用铁钉钉死父王，并持剑欲杀母后，因两位大臣苦苦相谏才作罢，将王后囚禁深宫。韦提希夫人被幽禁在深宫，每日向佛遥礼，她深为不解的是为何如此疼爱的儿子会产生杀心，将亲生父亲杀害？佛与弟子来到王宫为她讲述因缘：原来当初瓶沙王年老无子，盼子心切，请相师占相，相师告知当有一子，但此人在山中修行，功德圆满后才来投生。国王心急，派人到山中断了修行者的水源，使之饥渴而死。但王后却未生子。国王又问相师，相师说：如今他变为兔，在山中生活，只等兔子寿终，就来投胎。国王便派人到山中打猎，凡猎兔子，都以铁钉钉死。王后终于有孕，生下了太子阿阇世。王后听了如此因缘，无限悔恨，专事念佛，别无它念。佛便教她十六种摆脱尘世烦恼而达到佛教极乐境界的方法，即"十六观"，包括：日想观、水想观、真身观、观音菩萨观、宝楼观、华座观、普想观、杂想观、上辈生想观、中辈生想观、下辈生想观的修行方法。对这"十六观"的解释也是《观无量寿经》的主要思想，其中发展了三辈往生的思想，而形成了"九品往生"的思想。即进入西方净土世界有九种不同的级别，分别为上品上生、上品中生、上品下生、中品上生、中品中生、中品下生、下品上生、下品中生、下品下生。观无量寿经讲解了比阿弥陀经和

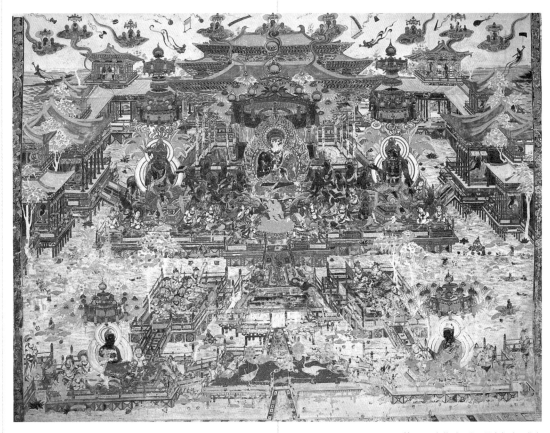

4-14 第172窟北壁 观无量寿经变 盛唐

无量寿经更为细致而具体的修行途径，唐代以后更为流行。莫高窟第66窟、第172窟、第171窟、第217窟等窟中均绘出观无量寿经变，其中第172窟南北壁所绘经变最有代表性（图4-14）。

弥勒经变

弥勒经变最早出现于隋代壁画中，主要依据《佛说观弥勒菩萨上生兜率天经》所绘，唐代以后，往往把《弥勒上生经》与《弥勒下生经》合起来，重点描绘弥勒下生经的内容。以"弥勒三会"为中心表现经中各项内容。弥勒菩萨成道后教化众生，举行过三次规模宏大的讲法活动，化度数万人，称作

"弥勒三会"。释迦牟尼涅槃之前，曾将自己的袈裟交给大弟子迦叶，并嘱咐道：未来当有弥勒佛降世，他将接替我教化众生，你可把这袈裟转呈给弥勒佛。弥勒成佛后，引众人到迦叶禅定之处，唤醒了深入禅定的大迦叶，于是迦叶把释迦的袈裟献给弥勒。所以，弥勒成为继承释迦牟尼的未来佛。在弥勒世界，路不拾遗、夜不闭户，每天夜里有龙王洒水，罗刹扫地。还出现"一种七收"、"树上生衣"等奇迹，人们用力甚少，收获甚多。人寿84000岁，妇女500岁才出嫁。老人自知寿尽，便进入墓室平静地死去，没有痛苦。壁画为表现一种七收的情景，便绘出农夫

耕地及收获的场景，为表现妇女 500 岁出嫁，便画出婚嫁图，这些场面真实地记录了唐代社会生活的景象。莫高窟唐代洞窟如第 33 窟、148 窟、329 窟、445 窟、446 窟等都绘出弥勒经变，其中第 445 窟北壁最有代表性。

维摩诘经变

维摩诘经变在隋朝已出现，但内容简单，主要描绘维摩诘与文殊菩萨两人对谈的场景，双方各有一批听法人众。唐代壁画中，仍然以维摩诘和文殊对谈为画面主体，但在主要人物周围增加了很多情节。大体与经中对应。如众人到维摩诘的方丈中，先是佛弟子舍利弗暗自思忖：如此多的人众，哪儿有这么多的坐具？维摩诘心知舍利弗所想，即运用神通，须弥灯王便遣来了三万二千狮子宝座，进入方丈而不觉拥挤，这就是令人瞠目不解的"室包乾象"。维摩诘请众菩萨、弟子升座，道行较高的菩萨都能入座，舍利弗惭愧地说："此座太高，我不能升。"维摩诘道："你只要给须弥灯王行个礼，即可升座。"众弟子不得已，只好给须弥灯王合十行礼，才升上座。时至日中，佛弟子暗想："大家都饿了，到哪儿去吃饭？"维摩诘即知佛弟子的意念，便分身化为菩萨，飞往香积国，托来一钵香饭，又有佛弟子心中嘀咕："这小小一钵饭能够谁吃？"菩萨转过头，倾饭于地，顿时，香饭如山，饭香四溢，众人饱食，皆大欢喜。佛告诉弟子：维摩诘来自妙喜国无动如来世界。原来维摩诘舍弃清净国土，来到不净的世界，是为众生消除烦恼。于是大家都想见一见妙喜世界的样子，维摩诘一伸手，掌中现出妙喜国：其中有铁围山、须弥山等，山上有天宫，里面有不动如来和菩萨，下面有溪谷、河流大海、日月星辰、城邑村落和人们生活的情景等等。佛弟子惊叹不已。除了以画面来演绎佛经中的故事，还画出了

听法众中有中国帝王及大臣，也有外国国王与国子等不同的人物。唐代前期第 220 窟、335 窟、103 窟等窟的维摩诘经变都画得十分精彩。

涅槃经变

涅槃经变也是隋代已出现的题材，但与隋朝单一画面相对，唐代洞窟中常常是绘塑结合，以整壁的画面表现更多的情节。如建于武则天圣历元年（698年）的第 332 窟，在西壁开龛塑涅槃佛像，南壁则画出的涅槃经变。第 148 窟则是以涅槃像为中心的涅槃窟，在后壁和两侧壁画出了规模更为巨大的涅槃经变。壁面高约 2.5 米，总长达 23 米。单从面积来说这铺涅槃经变可能是现存最大的涅槃经变。以第 332 窟为例，可知涅槃经变的故事：1. 释迦临终说法；释迦牟尼在双树林为弟子们宣讲涅槃理论，周围众菩萨弟子及天龙八部等围绕听法。这时佛弟子迦叶从耆阇崛山赶来，途中向婆罗门询问释迦的病情。2. 众弟子焦急地围在释迦，询问佛是否涅槃。3. 释迦于夜半时分入般涅槃，众弟子悲痛欲绝。拘尸那城的信众闻讯前来。佛弟子密迹金刚闷绝于地，须跋陀罗先佛入灭。4. 拘尸那城的人们按转轮圣王的规格入殓释迦圣体，作成了用七宝镶嵌的金棺，众弟子菩萨等围绕金棺礼拜举哀。5. 佛母摩耶夫人听说释迦涅槃，自天而降。释迦牟尼自金棺中坐起，为母说法。6. 诸比丘抬着金棺出殡，众菩萨、弟子及天龙八部等送葬。7. 佛棺焚化，众菩萨弟子及佛母在旁哀悼。8. 八国王为争舍利而战斗。9. 经一位婆罗门调停，八王和解，均分舍利，各自造塔供养。

药师经变

初唐第 220 窟的药师经变以药师七佛为主体，表现供奉药师佛的场面。进入盛唐以后，药师经变的构图与观无量寿经变一致，中央画净土世界，其中尤其

强调其建筑装饰的华丽，以突出琉璃光世界的美好。两侧以条幅的形式画出"九横死"和"十二大愿"。"九横死"指一、有病不得其医而死；二、横受王法所诛戮而死；三、耽淫嗜酒，放逸无度而死。四、横为火灾而死；五、横为水溺而死；六、横为种种恶兽而啖；七、横堕山崖而死；八、横为毒药所害；九、饥渴而不得饮食而死。"十二大愿"是指药师佛发下的誓愿，希望在他成佛之后，以自身的光明照耀世界。让世上的人们因此而得到种种救助，如病患者得愈，系于牢狱或当刑戮者得救，饥渴者得其饮食，如贫穷者得富等等。莫高窟第148窟东壁药师经变可说是唐代前期的代表。唐代后期大体沿袭这样的形式。

法华经变

有关《法华经》的内容，在北魏时期的雕塑中就已出现，如第259窟的正壁佛龛内塑释迦、多宝二佛并坐，这就是《法华经·见宝塔品》的内容，在初唐时期的一些洞窟中，仍然有以释迦多宝并坐为中心的法华经变。但有的洞窟则表现了更丰富的内容，如第23窟南、北、东壁以及窟顶北披、东披均绘法华经的内容，包括序品、见宝塔品、观音普门品、药草喻品、譬喻品、信解品等。序品通常是表现释迦牟尼佛在灵鹫山说法的宏大场面，又称为灵鹫会。譬喻品，讲述一群小儿在房屋中游戏，而宅院已经起火，却浑然不知。一长者为吸引小儿出来，就赶来三辆大车，分别为羊车、鹿车、牛车，车上都是珍奇玩物，于是孩子们就从火宅中出来。佛经以这个故事比喻人们身在危险境地浑然不知，佛以种种美好景象引导人们脱离危险。信解品讲述一个孩子在很小的时候与父亲走失。孩子沦为乞丐，而父亲后来成为富翁。儿子乞食来到父亲家门口，却已不识其父。父亲知道是儿子，却不马上相认，先派人把儿子叫来，

出高价雇他在自己的庄园里干些除粪、养马等杂活，经过20年又让儿子管理家中账务，直到儿子对家产管理很了解，最后父亲召集亲友当众说明雇的这个穷孩子就是自己的儿子，并把自己的家产全部交给了儿子。药草喻品，《法华经》中讲大千世界中各种各样的树木药草等，当乌云密布，大雨降下之时，所有的树木花草都能得到雨露滋润，但是各种树木花草又因本身的大小、高低、形状等方面限制，所得到的雨水滋养却是各有差异的。这项内容在壁画中往往绘出山川树木、乌云中大雨滂沱，雨中还有农夫耕作的景象。如第23窟的法华经变就是较有代表性的。

随着《法华经》的流行，《法华经·观世音菩萨普门品》中讲述观世音菩萨救苦救难的内容尤其受到广大信众的喜爱，往往把《观世音菩萨普门品》单独抽出来念诵修习，称为《观音经》，按《观音经》内容而绘出的壁画就称为观音经变。莫高窟在隋代的壁画中，就已有单独绘出的观音普门品，如第303窟窟顶就以长卷式画面表现观音普门品。唐代以后，有了更大的发展，如第45窟南壁，就以整壁绘制观音经变，详细描绘观音菩萨救苦救难和三十三现身的场面。其中救海难者，表现众人乘大船航行于海上，遇鬼怪，众人只是口念观音，即得解脱。又有绘人在牢狱之中口念观音而得救。画面中表现了古代的帆船、监狱等形象，具有历史价值。又有表现商人遇盗，一群胡商在山间行走，几个持刀的强盗从山后而出，商人们战战兢兢，货物丢了一地。这些场面也反映了古代丝绸之路的现实。

4. 供养人画像

供养人像在唐以前都画得比较小，初唐的供养人多画于四壁的下部，人像比前朝略大，而由于后代

4-15 莫高窟第 329 窟　供养人像

改修较多,现存初唐的供养人保存下来的较少。从第329窟、334窟、431窟等窟的供养人像,可见当时的肖像画艺术特征(图4-15)。盛唐开始出现较大的供养人像,第130窟就是代表。因为此窟是大佛窟,甬道也很大,在甬道南北两壁分别画出晋昌郡都督乐庭瓌一家的供养像,两壁的主要人物形象都超过2米,北壁的乐庭瓌着幞头,穿蓝色圆领长袍,手持长柄香炉向佛而立,后面有曲柄伞盖。身后是乐庭瓌的三个儿子,前二人着褐色圆领袍,手执笏板而立,后一人看来年纪尚幼,着白色圆领袍,双手合十。南壁的都督夫人供养像,夫人梳高髻,头上插花,穿着华丽的上衣和长裙,肩上还有薄纱的帔帛。身后两个女儿跟随。三人都面形丰腴,腹部向前挺,

正体现着"唐人以丰肥为美"的特点。后面侍女们奉花或香炉等供品侍立。

5. 装饰图案画

唐代以后石窟多为覆斗顶窟,窟内的装饰多集中于藻井及佛背光及边饰图案。初唐藻井流行以葡萄、石榴纹组合的图案,体现出外来的装饰因素。以第209窟、322窟、373窟等窟的藻井较有代表性。还有不少洞窟以桃形莲瓣组合成团花,如第331窟、340窟等窟。除藻井中央的莲花外,四边的边饰也多以卷草纹、半团花纹装饰,并以垂角纹、垂铃纹以及帷幔图案象征华盖。盛唐以后的藻井更注重花纹层次丰富,色彩厚重。唐代洞窟内塑像普遍以圆塑的形式出现,一般都不再塑出头光,而往往在龛壁上配合塑像而绘出头光,这些圆形的头光中心绘以华丽的团花、卷草等纹样,边缘绘以火焰纹,团花的静态与火焰的动势形成对比。第217窟、225窟、444窟龛内的头光堪为典型。而第66窟龛顶的华盖也是别出心裁,中央为圆形图案,外围则是椭圆形,椭圆形周边表现布幔与垂铃如随风飘动的样子,使图案具有一种飞动之势。初唐纹样以S形连续而变化丰富的卷草纹样为主,色彩绚丽,纹样细致、变化多样。盛唐以后,团花纹样逐步流行,而在条形边饰中,则往往表现为一整二半连续的团花纹。与卷草纹相配合,也有联珠纹和菱格纹等几何纹样,联珠纹承隋遗风,主要流行于初唐,盛唐以后渐少。方格、菱格、鳞片纹、三角形垂角纹则一直作为藻井装饰的要素而存在。

盛唐的一些洞窟佛龛为盝顶形,龛顶中央为长方形平顶,四边有斜坡向四边下垂,中央的平顶则画出平棋图案,如第79窟,平棋构成为每一方格内绘一朵莲花。

第四节　唐代前期壁画的艺术成就

　　唐代是中国绘画艺术发展的一个高峰，不论是人物画、山水画、建筑画都达到较高的水平，这一时期名家辈出，由于佛教的繁荣，寺院林立，各地寺院壁画就成了画家们大显身手的地方，唐代画家大多在寺院画壁画，著名画家吴道子就是佛教绘画的高手，他曾在长安洛阳等地寺院中画了三百多壁，深受敬重。可惜当时的两京寺院今天基本无存，我们很难见到长安一带唐代绘画的盛况，但敦煌石窟大量的唐代壁画，却为我们认识唐代绘画提供了丰富的标本。由于丝绸之路的繁荣，唐代的敦煌东与长安、西与西域各国的联系十分密切，文化交流频繁，长安流行的艺术风格很快就可以传到敦煌。从唐代前期石窟来看，画史所载的阎立本、吴道子、李思训等名画家的画风都可以从壁画中看到。

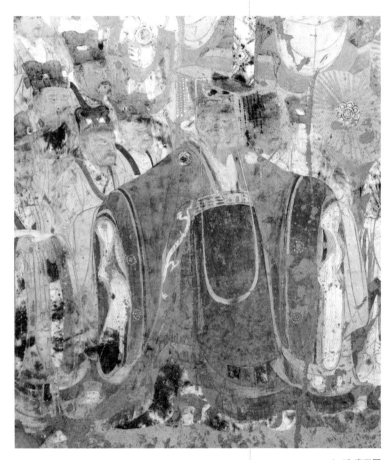

4-16 帝王图
莫高窟第 220 窟东壁北侧 初唐

一　人物画艺术

　　1. 初唐绘画的写实精神

　　阎氏父子（阎毗、阎立德、阎立本）在隋唐之际对中国艺术史产生过重大影响，因为他们都不是单纯的画家，还在建筑设计、器物的设计与制作方面具有很高的造诣，并在政府中担任重要职务。隋文帝时，阎毗以"技艺侍东宫"，深得皇帝的喜爱，后来官至朝散大夫，将作少监，是朝廷中负责宫殿建筑、仪仗、服装等方面制作的官员。阎毗善于制造，对于隋朝的辇辂车服制度有很大贡献。阎毗之子立德（？ -656），完全继承了父亲的才干，他熟悉典章制度，能按规矩为皇帝制作衣服及相关的腰舆伞扇等物，为时人所称道。立德之弟立本（？ -673），于显庆年间继立德之后任将作大匠和工部尚书，但在此前他已经体现出卓越的绘画才干。太宗曾让他画《秦府十八学士图》及《凌烟阁功臣图》。阎立德、立本共同制作了如《职贡》《卤簿》等图，阎立本还奉诏"写太宗御容"。由于阎立德、立本兄弟在宫廷中的地位，他们可以接触帝王和大臣，可以画出符合相关制度的人物形象。而在接触国外使节方面他们也有优势，可以画出职贡图这样的作品，他们的作品具有典范的作用。他们绘出帝王图、职贡图后，粉本就会流传于各地，以至远在敦煌的佛教石窟中也可以看到当时流行的帝王图和外国人物图。初唐莫高窟第 220 窟（642 年）、332 窟（698 年）、335 窟（699 年）等窟的维摩诘经变中，都画出了帝王图与外国人物图（图 4-16）。如果与波士顿美术博物馆藏《历代帝王图》（图 4-17）比较，人物神态及绘画风格都存在相近的特征。帝王均着衮冕，左右有众多的大臣簇拥。尤其值得注意的是帝王服装上的所谓"十二章"纹样。按《周礼》注，十二章包括：日、月、星辰、山、龙、华虫、宗彝、藻、火、粉米、黼、黻。莫高窟第 220 窟帝王的衮服上可以看到在两肩的位置上各画一个圆圈，一侧圆内有鸟形，另一侧圆内则是画兔子。可知圆内有鸟为金乌，表

4-17 阎立本《历代帝王图》
波士顿博物馆藏

4-18 外国人物 莫高窟第 220 窟东壁 初唐

示太阳，圆内有玉兔表示月亮，服装上还可看到有山岳和龙纹，在前襟部分，有很多花纹，为藻纹，另外白色的小点形成小花形的，是为粉米。在袖口位置有类似亚字形，是为黻。这样我们至少可以判断有十二章中的七种纹样，即日、月、山、龙、藻、粉米、黻。除了第 220 窟外，初唐洞窟中出现帝王图的有第 332、334、335 窟，其中第 335 窟北壁帝王服

饰上表现十二章中的八种，第 332 窟有五种。在波士顿美术博物馆藏的《历代帝王图》中，冕服上画十二章纹样较多的是晋武帝，包括了日、月、星辰、山、藻、黼、黻七种，另外如吴主孙权、蜀主刘备、后周武帝的冕服上各有五种纹样，汉光武帝和隋文帝的冕服上各有二种纹样。

按莫高窟第 220 窟绘制的时间，阎立德、阎立

本兄弟已在朝廷任职，阎立本还未担任右相，但其绘画已深得太宗欣赏，当时，二阎都有可能画帝王和外国人物图。以他们当时的影响力，这些图画的粉本很快就会流行于民间，从而影响及于敦煌。与《帝王图》相关的还有《职贡图》。《太平广记》载："立德创《职贡图》，异方人物，诡怪之状。立本画国王，粉本在人间。"反映了阎氏兄弟绘画在民间的影响力。传为阎立本的《职贡图》现藏于台北故宫。此外，北京故宫博物院也收藏一幅《步辇图》，表现皇帝与外国使节的形象。这两幅画是否为阎立本的真迹，尚有较多疑问。但阎立德、阎立本兄弟画过《职贡图》这样以表现外国人为主的绘画，则是毫无疑问的。在敦煌初唐壁画中，在出现帝王图的同时，也同时出现了外国人物的形象，这不是偶然的，伴随着新形式维摩诘经变从中原传到敦煌，应该是当时在长安一带深受推崇的阎氏兄弟的画风，其标志便是帝王图和外国人物的形象。

从中国人物画的发展来看，唐代是一个重视造型的时代。对人体结构以及动态的表现，是唐代以后人物画发展的一个重要特征。李嗣真称赞阎立本"象人之妙，号为中兴"。强调的还是"象人"，也就是绘画的写实性。敦煌初唐壁画中人物画的成就反映了这个时代在中原画家影响下的绘画精神，包括对人体结构的总体把握和表现的多样性，对人物精神面貌表现的重视，通过对面部神态的细微表现来刻画人物性格特征，以及对色彩的成熟运用等等。而敦煌石窟在贞观年间出现了阎氏风格的帝王图与外国人物画，表明了敦煌在初唐时期与中原绘画的密切关系。莫高窟第 220 窟的维摩诘，画家从身体姿势的表现，面部（特别是眼神）的细腻刻画，反映了一

个睿智的长者正在张口辩论的神态，与之相对的文殊菩萨则是在安详的坐姿中，通过手的姿势和面部的表情，也表现着丰富的内心活动。两位主人公的身旁画出包括帝王和各国王子的众多人物形象，雍容华贵的帝王仿佛正向前行进，而前呼后拥的大臣们都体现着不同的面部表情。表现各国王子的一组人物，有的神情专注地倾听，有的则相互窃窃私语，这些形象不同，神情各异的人物（图 4-18），与早期那种西域（印度）式的人物在表现手法上最大的差异就是基本上抛弃了西域式凹凸法表现，而是以线描为主，配合相应的色彩晕染。而对于面部的细微表情与动态，主要用线的轻重变化来表现。有时往往不用色彩，充分展示出中国画线描的优势。画在文殊菩萨和维摩诘身旁的菩萨、天人的形象，也与下部的世俗人物体现着同样的精神风貌。其画法也同样。

人物面部表情，是画家尤其着力刻画之处。通过人物嘴唇、眼睛的细微变化，表现出神态逼真的精神面貌，一颦一笑都富有个性。除了第 220 窟外，很多初唐洞窟的壁画人物，特别是对菩萨、弟子的表现，同样也与世俗人物无异，体现出画家以形写神的成就。如第 57 窟南壁说法图中的菩萨和佛弟子像（图 4-19），画家十分注重人物眼神的刻画，或微向下视，或侧目轻睨，眼神的变化又与面部表情、身体动态结合，使人物脱壁欲出。第 401 窟、209 窟等窟的菩萨像，不再是僵直地站立的，而是身体略侧向一边，手与腿部的动作搭配，辅以飘带的变化，表现出如在行走的姿态，人物就变得活泼。画家不仅仅在人物整体形象、动态的表现上追求神韵，而且在具体的面部五官、手臂、手指、双腿等方面的表现都达到写实而生动的程度。尤其是眉、眼、口、鼻等细微之处，体现出画家高超的线描技巧。第 329

4-19 菩萨 莫高窟第 57 窟南壁 初唐

4-20 莫高窟第 217 窟
西壁 观音菩萨

窟东壁的说法图及供养人画像、第 332 窟的菩萨像、第 71 窟经变画中的菩萨等等，初唐壁画中可以举出一大批表现人物的成功之例。

隋代以来，西域式晕染法渐渐与中原式晕染法相结合，画家对色彩的运用十分熟练，而到初唐，画面上已很难看出晕染之"法"，色彩只是随着线条而渐次过渡，画家不再刻意表现色彩，却能使色彩按人物的肌肤以及不同的服饰表现出应有的效果。总的来说，线描成为画面中的主导。但这一切仍然是建立在对人物形态整体掌握的基础上。

2. 吴道子的画风

隋唐以后，画家们更进一步通过形态、表情来揭示人物的内心世界。一般来说佛陀形象作为崇拜的对象，保持着一贯的庄严而慈悲的形象，在菩萨的形象上则表现出不同的个性。唐代营建的洞窟很多，其中的水平也不免参差不齐，但有相当一批洞窟由当时的高手完成，不论是塑像还是壁画，都代表着一个时代的水准。也成为我们认识唐代人物画艺术的重要资料。

第 217 窟建造于 705-706 年间，正是莫高窟由初唐进入盛唐的时代，其中的人物画艺术也表现出新的风格。西壁佛龛北侧的观音菩萨身体略呈"S"形弯曲，一手持花在胸前，一手提着净瓶（图 4-20）；南侧的大势至菩萨两手交叠于腹前，神情雍容。两身菩萨都衣饰华丽，色彩丰富。尤其是纹样丰富的长裙，体现一层层透明的质感，肌肤的晕染色彩较厚重，都变色严重，但从变色之中，仍能看出面部眼眉勾勒细致而严谨的笔法。佛龛内的塑像已佚，而在头光图案之间，画出的菩萨、弟子形象，同样表现出高超的水平，龛内北侧迦叶的形象，通过头部、脖颈

4-21 莫高窟第 217 窟西壁龛内比丘头像 盛唐

的线描明晰而有力，眼睛的表现稍有夸张却表现出老僧睿智的神情（图4-21）。背光旁边的一个弟子头像，描绘出长长的眉毛，而在睫毛之间露出的眼神，却同样炯炯有神。南侧的阿难则是眼睛微闭，如在遐思。画在上部的菩萨像，用色较淡因而变色不太严重，面部的色彩与线描清晰可见。有的嘴唇微启，似欲言说；有的双目半闭，面色慈祥。

第45窟的龛内也有类似的菩萨形象，菩萨的面部丰盈，神情慈祥。值得注意的是，不论是第217窟还是第45窟的菩萨、弟子等形象，画家在以线描表现人物形象与神态时，除了通过笔法的灵活变化来表现质感外，还特别注重线条的颜色变化，有的地方用浓墨，有的用淡墨或其他颜色的线条。如眉毛和眼睑上部通常以浓墨勾线，而对面部其他部位则用较淡的颜色勾线，在嘴唇的中心也以浓墨勾形，配合红色的嘴唇，以强调其质感。

4-22 莫高窟第103窟东壁门南维摩诘像 盛唐

第172窟由于壁画变色非常严重，不仔细观察，很难了解其人物形象的细部特征，北壁观无量寿经变中的菩萨，她们或神情专注，听佛说法；或相互窃窃私语，而目光顾盼；或手舞足蹈作欢喜踊跃状等等不一而足，反映了画家对不同人物精神状态的表现。

莫高窟第 103 窟的维摩诘经变中，维摩诘坐于帐内，身体前倾，手持麈尾，目光炯炯，嘴唇微启，仿佛正与文殊论辩的样子（图 4-22）。这一人物形象虽然在很多洞窟都有表现，但在此铺壁画中，画家强劲的线描，把人物神情姿态表现得如此鲜活，十分难得。人物面部的轮廓及衣纹的线条充满韵律，包括表现胡须的细线，似乎都与人物的精神密切相关。显然画家对自己的线描笔法极有自信，为了突出线的韵味，除了衣服上有赭色、黑色和绿色染出外，身体大部分都不用色彩。与维摩诘相对的文殊菩萨则是神情安详，右手持如意，左手伸出二指，表现出从容对谈的姿态（图 4-23）。如果说维摩诘的描绘上显示出一种强烈外张的力量，那么文殊菩萨的形象则要松弛得多，安静、从容似乎更符合菩萨的个性。而这一张一弛，在对称的画面中，也达到一种平衡。在维摩诘下部的外国人物与文殊菩萨下部的中国帝王及大臣形象，同样也构成一种对比。外国人物排在前列的都是半裸的身体，仅着短裤，肌体外露。由于服装不统一，画面相对来说结构较松；而中国帝王及大臣们都衣着整齐、华丽的服装，衣纹形成了有规律排列的线条，在视觉上造成一种紧密的气

4-23 莫高窟第 103 窟东壁门北
文殊菩萨 盛唐

势。这一紧一松的对比，与上部两位主角的对比相呼应，使画面的构成疏密相兼，松弛结合，层次丰富而完整。

这种以线描造型为主，在画面中造成完整气势，具有感染力的

4-24 莫高窟第 130 窟 都督夫人礼佛图（段文杰复原临摹）

人物画，令人想到唐人画家吴道子的风格。吴道子被称为画圣，唐代以来的画论中，对于吴道子没有不推崇备至的。《唐朝名画录》的作者朱景玄说：

　　景玄每观吴生画，不以装背为妙，但施笔绝踪，皆磊落逸势，又数处图壁，只以墨踪为之，近代莫能加其采绘。凡图圆光，皆不用尺度规画，一笔而成。

《历代名画记》记载：

　　弯弧挺刃，植柱构梁，不假界笔直尺。虬须云鬓，数尺飞动，毛根出肉，力健有余。

　　　　——《历代名画记》卷二〈论顾陆张吴用笔〉

从上述这些记载中，可以看出吴道子绘画最具特色的，就是用笔。他不满足于"象似"，而追求神韵的表现，从而达到绘画的最高境。吴道子的作品我们也已无从得见。而在敦煌壁画中（如第 103 窟维摩诘经变）却反映出类似吴道子的风格。在那个

丝绸之路交往频繁的时代，出于佛教寺院与石窟营建的需要，必然存在长安、洛阳等地的画家到敦煌作画，或者敦煌的画家到长安学画之后，回到本地作画的情况。没有文献记载过吴道子到敦煌作画之事，但是吴派的画家，或者受吴派影响的画家到敦煌作画的可能性还是有的。

吴道子画风的意义在于：线描不仅仅是用以造型的技法，线描本身的力量、流动之美也表现着一种气韵、一种精神。在唐前期莫高窟第 103 窟、217 窟及唐代后期的第 112 窟、158 窟、159 窟、199 窟等窟壁画中，都可以看到线描艺术的成功之作。

3. 雍容华贵的贵族风韵

莫高窟第 130 窟为大像窟，主尊是高达 26 米的大佛，其中的壁画也画得气势非凡。窟内壁画大都为西夏重绘，但在甬道南北两壁却保存了晋昌郡都督一家的供养人像。北壁为晋昌郡都督乐庭瓌及三个儿子的供养像，乐庭瓌手持长柄香炉虔诚向佛，头戴幞头，身着圆领长袍，腰系革带，足踏乌靴。前面两个儿子身着褐色圆领袍，持笏而立，小儿显然还未成年，穿白色圆领袍，双手合十而立。后面侍从四人各持物跟随在后。南壁为都督夫人太原王氏及女眷的供养像（图 1-27、图 4-24），夫人着华丽的红花长裙，肩上有帔帛，双手笼在袖中抱持香炉。身后女儿十一娘双手持花紧随其后，次女十三娘双手笼在袖中，她头上一枝凤形步摇引人注目。身后的侍女达九人。这两组供养图中，主要人物形象的高度均超过 2 米，乐庭瓌及儿子的供养像体现出一个地方官员的气势，都督夫人供养图中一家人华丽的着装、雍容的气质，体现着唐代贵族的风度。

像这样规模较大的供养人像在唐代前期洞窟中并不多见，盛唐洞窟中如第 45 窟、217 窟等窟的经

变画中，可以看到类似的人物表现，如第45窟南壁观音经变中就有
形象丰盈的妇女（图4-25），而北壁观无量寿经变的未生怨故事中的
韦提希夫人的形象，也是唐代贵族妇女的形象特征。第445窟北壁弥
勒经变中表现妇女剃度场面中，也可看到
丰满型的妇女。与第130窟都督夫人供养
图中的妇女形象相似。

从盛唐到中唐、晚唐，从供养人的形
象上看，以第130窟晋昌郡都督一家的供
养人为代表的画法，对后世影响很大，到
晚唐时期如第156窟、196窟的供养人都画
在甬道两侧，人物形象高大，表现出雍容
华贵的气象。但在经变画中的菩萨、伎乐
天人等形象，中唐以后却趋向于小巧精致
的画法，脸型较圆而丰满，嘴唇较小，双
目有神。莫高窟第112窟、159窟，榆林窟
第25窟就是代表。

唐代女供养人的造型与神态表现，论
者往往用来比较传为周昉的《簪花仕女图》
等作品中的人物，其神态与风韵非常相似。
周昉的人物画，当时称为"周家样"，《历
代名画记》将周昉与曹仲达、张僧繇、吴
道子并举，称为是佛画的四大家。然而第
130窟的营建时代为开元九年至天宝初年
（721-746），周昉活跃于画坛则是在大历至
贞元年间（766-805），我们很难说第130窟
的风格为"周家样"，但画史又载周昉"初
效张萱画，后则小异"。张萱于开元天宝年
间供职于内廷，也就是成为了宫廷画师。画
史对张萱的记载较简略，但大体都强调他善于画妇女和儿童。《唐朝
名画录》说"画士女乃周昉之伦，其贵公子、宫苑、鞍马，皆称第
一"。张萱的作品有北宋摹本《虢国夫人春游图》与《捣练图》传世，

4-25 莫高窟第45窟
南壁 妇女像 盛唐

4-26 莫高窟第 323 窟南壁石佛浮江故事 初唐

这两幅作品虽为宋人模写，但从中仍然可见唐朝人物画风采。第 130 窟的时代正与张萱时代吻合。都督夫人供养像体现了当时中原地区流行的张萱仕女画风。从张萱到周昉，唐代的人物画表现出体态丰满、雍容华贵的特点。而作为佛教绘画中独树一帜的"周家样"，恐怕也正是把这种世俗的人物画引进了佛教绘画中，形成了新的佛教壁画的时尚。周家样对于佛教绘画的意义就是用中国式的审美精神来创作佛教艺术。这是佛教艺术的进一步中国化。从敦煌壁画的人物造型来看，早期的壁画中，佛像、菩萨像、天人像等与世俗的供养人像有很大的区别，不光是形象不同，连画法也不同。而到了唐代后期，佛、菩萨、天人的形象与世俗人物的区别越来越小。把菩萨、弟子等形象画成与普通中国人没有两样。佛教艺术的这个转变过程中，从阎立德、阎立本兄弟到吴道子、张萱、周昉等画家都曾起过重要的作用。

4-27 莫高窟第 323 窟北壁康僧会故事中的远景 初唐

二、山水画艺术

　　山水画到了唐朝发展到一个高潮，当时的画家吴道子、朱审、韦偃等曾经在寺院壁画中画出了独立的山水画。李思训、李昭道父子又以青绿山水而著名，长安一带流行的山水画风也自然地影响到了敦煌，敦煌唐代前期如第 103、148、172、209、217、323 等窟的壁画中，作为故事画或经变画的背景就有大量的山水画。其中如第 217 窟、103 窟等壁画山水已具有相对独立的意义了。

　　初唐第 209 窟南壁西侧、西壁和北壁西侧的故事画，都采用纵向布局的形式，作为故事画背景的山水景物画得很大。此窟西壁佛光两侧，还保存赭红色线条勾出的山石轮廓，对照隋代第 276 窟的山水画，

可以看出它们的一致性。但用青绿色渲染并在山头辅以树木，又比隋代的山水增加了不少内容。

　　第 323 窟南北壁中部均画佛教史迹画，但画家没有像以前的故事画那样按故事发展的顺序来构图，而是以山水统摄全图，在山水画分隔出的空间里，描绘一个个故事场面，山水画成了壁画构图中首先考虑的问题了。南壁共有三组故事画，画家用两组山脉把壁面分成三段。左侧的山脉呈"之"字形，左下部又有一组小山相呼应。右边一组山脉大体呈"C"字形，环抱故事画，壁画最右侧上部又有一组山崖与之相照应。在两组山脉之间，还有一组山峰耸立，把两组山脉连系起来，这样，两组山脉在横长的画面中形成了稳定的结构，主宰着全壁，使山水连成一

4-28 山水 莫高窟第 148 窟西壁 盛唐

气，绵延壮阔。远景的山水则通过曲折的流水相连系，由近景到远景，层次丰富而境界辽阔。本窟山水画中最引人注目的是远景的画法。如北壁张骞出使西域图，近处描绘张骞辞别汉武帝的场面，人物画得很大，在左侧的山峦中，画出张骞与随从人员渐渐远去的身影，人物越远越小，人与山水比例谐调，表现出自然的空间透视感。南壁的"石佛浮江"故事（图 4-26），描绘的是西晋时期，吴松江中有石佛浮于江面，风浪大作，当地人民乘舟接石佛供奉于寺院，随即风平浪静。画面中表现了三组人物。上部的远景中画出一些人看着闪闪的佛光，指指点点。这一组人物画得最小，只能看出大体形象，看不清面目；中部的一群人在江边遥礼石佛，比起远景中的人物来，要大一点；靠下部的近景中，人们迎接石佛的

到来，人物画得较大，较具体。这样由远及近，通过江水连系起来，表现出远近空间的关系，山、水、人物的比例都十分协调。

对远山的表现是画家的得意之笔，特别是远景中画出帆船，颇有意境，第 323 窟北壁"康僧会的故事"上部表现康僧会从海上来的情节，画出大海中一叶扁舟，隐约可见舟中数人（图 4-27）。南壁的故事画中，上部远景中几处画出了小舟，与山水相映成趣。表现了烟雨迷濛的江湖景色，尽管线色脱落，但是仍可看出近处的波浪和远处的河流。由于变色比较严重，远山的颜色都变成了黑色，因此有人误认为本窟壁画是"没骨画"，或者甚至认为是水墨画。这是不了解敦煌壁画变色的情况而产生的误解。

建于大历十一年（776 年）的第 148 窟是一个涅

4-29 山水 莫高窟第 217 窟南壁 盛唐

槃窟，作为涅槃佛像的背景，涅槃经变主要画面在长达16米左右的西壁上展开，规模宏大，其背景的山水画也体现出空前绝后的水平。如西壁的南侧，表现释迦在双树林入般涅槃的时刻，空旷的原野，远处有山崖耸立，中部引人注目的是画出雄伟的城楼，表现拘尸那城。由这一组建筑，形成了画面的一个高潮，城门外是一片开阔的原野，远景的山峦绵延相接，一直连到城楼后面，近景的缓坡也在这里交接，景物的远近空间关系表现得十分真切。在北壁的"分舍利"场面，可以说是这铺经变画的高潮，众多的人物围绕在堆放舍利的台前。背景的上部，山势表现得十分雄奇，在辽远的原野后面，危崖耸立，

其中还画出一片白云把半山腰遮住。画面上部，与青绿重彩的山峦相对的是橙黄色的彩云，仿佛是夕照中的晚霞，具有一种动人心魄的力量（图4-28）。

第217窟南壁经变画的背景山水[1]，画面的顺序大体是上部从右至左，再从左至右（图4-29）。右上角是危崖耸立，有二人骑马一远一近行进。透过山

1 第217窟南壁的内容与第103窟南壁内容一致，最早由施萍亭、贺世哲先生定为法华经变（施萍亭、贺世哲《敦煌壁画中的法华经变初探》，《中国石窟·敦煌莫高窟》第三卷，文物出版社，1987年）。2004年日本学者下野玲子发表论文《敦煌莫高窟第217窟南壁经变新解》（《美术史》第157册，2004年10月）认为是佛顶尊胜陀罗尼经变。其后，施萍亭、范泉《关于莫高窟第217窟南壁壁画的思考》（《敦煌研究》2011年第2期）又对此经变进行重新研究，认为既非法华经变，也非佛顶尊胜陀罗尼经变。

崖，可见远方曲折流淌的河流，境界辽远。中部两座高峰之间，一道飞瀑涌泻而下，山下的旅人被这大自然的奇景所吸引而驻马观赏。马匹半掩在山后。左部也是一条曲折的河流，在近处被山崖遮断。下面的山峰，悬崖突出，青藤蔓草悬垂。有三人仿佛是长途跋涉而疲惫不堪，一人牵马，一人躺倒在地，一人在水边，欲饮山泉。中间靠右是旅人向一座西域城堡走去，路旁桃李花开，春光明媚。画家渲染了一路曲径通幽、草木葱茏的秀丽景致，使之成为"可居"、"可游"的游春图景了。这幅山水画，主要表现了四组山峦：左侧一组山峰刻画颇细，以石绿和浅赭相间染出，峰峦上的树形除了沿用过去那种装饰性的树形外，又相应地描绘了树的枝叶细部，还画了许多悬垂的藤蔓。右侧是潺潺的流水。中部是一组平缓的山丘，与左侧的山崖相映成趣，用很单纯的笔法勾描，平涂石绿色并刻画了不同的树木，花开烂漫，一片春色。右上一组山最引人注目，飞流而下的瀑布，虽已变色，但仍使人感到充满生意，仿佛点睛之笔，是画面中最传神之处。左上部的远景，尽管不如前面几组富有特色，但在画面的构图上是必不可少的，它把左侧近景山崖与右侧一组山峦有机地连系在一起，在两组山崖之间还画出一行大雁飞向远方，使山水显得较有纵深感。

第 103 窟南壁西侧的壁画显然其主题与第 217 窟是一致的，而画面的表现更像一幅独立的山水画（图 4-30），上部远景中，绘一群人从右向左前行，前面一人牵着大象，大象驮着很多行李，后面一人戴风帽，骑着毛驴，像一个贵族妇人，身后又有二人步行跟随。下部描绘近景山水，左侧是一座险峻的悬崖，上面垂下青藤翠蔓，岩间一道山涧凌空流下。崖下是曲折的河流。与左侧的悬崖相对，右侧也是

一座高耸的山峰，山脚下旅行的人们在这里休息。

在第 103、217 窟的山水画中，画家们充分调动了山水的各个要素，山峰、河流、瀑布、树木、藤蔓等都各得其宜，表现得十分协调，山峰有耸立的危崖，有平缓的小丘，有近景的岩石，有远景的峰峦。河流也各有曲折，远景河流细细如线，近景中波浪翻滚，还有山崖上喷出的瀑布、泉水，体现出透明之感。树木更是种类繁多，开花者如桃如李，近景中柳树婆娑，松树挺立；悬崖上青藤垂下，草丛茂盛。从野外到城里，人物来来往往。这一切构成了完美的山水人物图。

唐代李思训（653-718）、李昭道父子以画青绿山水著称，《唐朝名画录》盛赞李思训"山水绝妙"、"国朝山水第一"。《历代名画记》说李思训"其画山水树石，笔格遒劲，湍濑潺湲，云霞缥缈，时睹神仙之事，窅然岩岭之幽。时人谓之大李将军其人也"。从这些记载中，我们看到李思训一派山水画的特点在于：注重以线描勾勒，注重明亮色彩，这两点也就是青绿山水的一般特点。敦煌壁画唐代前期的山水画在画法上与青绿山水是一致的，莫高窟第 217 窟约开凿于景云年间（710-711），大致与李思训同时或稍晚，受到李思训一派山水风格的影响是很自然的，从敦煌壁画中我们也可以探索唐代青绿山水的发展状况。

第 172 窟观无量寿经变中的山水画与别的山水画不同，在重重楼阁的两侧画出山水景物，却不是画成高山的样式，而是画出一望无际的原野，其中有河流曲折地流下，画面上部留出部分空白。在象征着净土世界的建筑物后面，表现出了真实的空间透视，体现出画家驾驭山水的熟练程度。在净土世界

4-30 山水 莫高窟第 103 窟南壁 盛唐

的两侧还以条幅的形式画出了"未生怨"和"十六观"的内容,在两个条幅的上部往往画出山水场景,具有相对的独立性。"日想观"是《观无量寿佛经》中所说十六种修行方法即"十六观"之一,是通过对落日的观想,并进而使意念进入到佛国净土世界。壁画中则通过描绘自然的山水景物来表现这样的观想场面,第172窟、320窟等窟的日想观内容,都画成了较有独立性的山水图。如第320窟北壁的日想观:左侧画出高耸的山崖,韦提希夫人坐在山下,右侧一条河流由远而近流下,上部画出淡蓝色的远山及彩云。青绿色画出远景中的原野,与近景中赭红色的山崖形成强烈的对比(图4-31)。

4-31 山水 莫高窟
第320窟北壁 盛唐

第172窟东壁北侧的《文殊变》上部山水也表现出了类似的空间结构。图中共画出三条河流,由远而近流下,在近处汇成滔滔洪流,左侧是一组壁立的断崖,中部是一处稍低矮的山丘,画面右侧是一组山峦,沿山峦一条河流自远方流下,近处则表现出汹涌的波浪,远处河两岸的树木越远越小,与远处的原野连成一片,表现出无限辽远的境界。河流的表现引人注目,特别是对波浪的描绘,以墨线画出波纹,又以色彩渲染(当初可能是以蓝色调为主的颜色,现已变黑),表现出水波对光的反射效果(图4-32),这种对光影的表现,在不少唐代经变画中也可看到,体现出唐代山水画家的独特技法,可惜在唐以后世的山水画作品中不再出现。

4-32 山水 莫高窟第 172 窟东壁北侧 盛唐

三、经变画艺术

经变画是唐代佛教壁画中最重要的题材，也是在绘画艺术上取得成就最高的。经变画从根本上改变了此前的佛教艺术中以一图一景或连续性画面来叙述佛教内容的形式，而以一个宏大的画面来展示佛国世界，其中或以相关内容展开连续的情节（如涅槃经变），或以佛说法场面为中心，在周围展开相关内容（如弥勒经变等）。宏大空间的构建，是经变画的最主要特色，也是中国式佛教艺术的特色。

经变画从构成上来看，我们可以分为两类，一类是叙事性经变，一类是净土图式经变。叙事性经变画按一定的发展顺序表现经变主题，以连续的画面来图解经典的内容。但与北朝以来的长卷式故事

画有所不同，整壁以山水景物为背景营造一个完整的场景，在这样一个大山水的场景中展示佛经内容。如第 148、332 窟的涅槃经变即是代表。

净土图式经变主要描绘以净水池、宫殿、灵鹫山、须弥山等为中心的佛国风景。盛唐以后的经变往往以群体建筑为中心来刻画净土世界，而在四周画出相关的故事内容。或者在中央描绘净土世界，两侧以条幅的形式绘制相关的内容（如观无量寿经变和药师经变等）。

净土世界的表现，一般以佛说法为中心，在佛周围描绘华丽的殿堂楼阁和宝池平台，如观无量寿经变和药师经变等。或者描绘山水背景，如法华经变、弥勒经变等。于是，佛经的表现不再仅仅是对

167

4-33 莫高窟第 334 窟北壁 阿弥陀经变 初唐

佛说法等情节的图解，而是以丰富的环境，烘托出一个理想的佛教世界。虽说是理想的世界，但其中的一山一水和无数楼阁连同其中的佛、菩萨、伎乐、飞天等等却是那样真实可感。充分体现出唐代画家在技法上的一大飞跃。

从隋入唐，建筑画逐渐向三度空间发展是一个大趋势。经变画为表现空间关系，也经历了不少探索。唐代净土图的构成可分为几种：

1. 三段构成

初唐部分洞窟的经变画中按水平线分成三部分，中段是说法场面；下段描绘净水池和平台，平台上往往有乐舞形象；上段象征天空，有飞天等形象。如第 221 窟南北壁分别绘出净土变，两壁的构成一致都是三段式构成。中央部是画面的中心，平台上绘出说法的佛及环绕的菩萨圣众。下部为净水池，上部为天空。中央的平台前有栏杆，把中段的画面与下段隔开。类似这样的三段构成在初唐的经变画中十分流行。为了表现舞乐的场面，下部的水池往往用池上的平台来代替。如第 334 窟北壁的阿弥陀经变，上部描绘天空，中央部画出平台上的说法场面。下部也在池上的平台中描绘舞乐场面（图 4-33）。这样的构成在第 331 窟、335 窟、340 窟的净土变中都能看到。中央的说法图总是经变的主体，要占据很大的画面，下部的舞乐和上部的天空所占比例则有所不同。如第 329 窟的阿弥陀经变，天空的部分就很小，中心部是说法的场面较大，建筑物画得也较高。最下部舞乐的场面也较小。可是盛唐以后，舞乐场面所占的比例就越来越大了。

说法和舞乐的场面都离不开建筑的背景，而通过这些建筑背景就表现出远近空间的关系来了。在三段的最上部，通常是象征天空的，如第 321 窟，在佛说法的平台以上的画面，用深蓝色绘出天空，还描绘出很多飞天飞来飞去，使人感到空间的无限远。

2. 鱼骨式对称构成

古代中国画家描绘空间的最有效的办法，就是被称为"鱼骨式构成"的方法。其特征在于画面中，以中轴线为中心对称构图，两侧的建筑等景物形成的斜线与中轴线相连，形成像鱼骨那样有规律的排列形式。

盛唐第 172 窟北壁的观无量寿经变可以说是这种构成的典型。首先我们在画面的中央画出一根中轴线。由下而上，这条中轴线贯穿了小桥、平台、佛像、大殿等建筑。中轴线两侧的建筑都呈对称排列。于是我们把两侧的建筑形成的斜线向中轴线连接起来，就形成了鱼骨的形式（图 4-34）。中轴线两

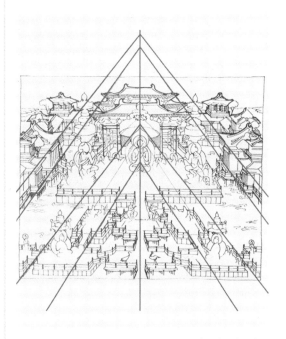

4-34 鱼骨式构成示意图

侧的斜线大体上是平行的，不同的斜线与中轴线连接而形成的交点就有很多，说明作为透视的消失点不在一个点上，而是不断地推移。这就是鱼骨式构成的特点。比起科学的透视法来，它还不完善，但在科学的透视法还未发现之前的 8 世纪，鱼骨式构成就是表现空间远近关系最有效的办法。欧洲从 13 世纪开始研究远近表现的方法，到了文艺复兴时代产生了科学的透视法。可是在中国 8 世纪前后就已产生了鱼骨式的处理方法，大大地推进了空间关系的表现。

鱼骨式构成在表现经变方面取得了极大的成果，在唐代很快就得到普及。从莫高窟盛唐以后的经变就可以看出，大部分经变画几乎都采用了鱼骨式的方法，第 45 窟、171 窟、148 窟等窟的经变画中，都有成功的描绘。这种以中央殿堂为中心，两侧配

4-35 莫高窟第 217 北壁 观无量寿经变 盛唐

置宫殿楼阁等建筑，形成对称构成的经变画在当时成为了经变画流行的构成方法。

鱼骨式构成的方法，其消失点沿中轴线在向上延伸，说明视点在逐渐地上升。但问题还在于经变画中视点的移动也并不是按一定的规律移动，于是就产生了很多矛盾。而当时的画家的出发点却是构图比透视更优先考虑。由于经变画中人物众多，景物也较丰富，画面的构图就很重要，这也就是《历代名画记》把它列为"六法"之一的"经营位置"，所以我们在画面中看到的人物或建筑物可大可小，可远可近，其配置的原则并不在于远近透视关系，而在于构图的需要。

如果仅从构图的角度来看，鱼骨式构成也可以理解成中轴对称的方法。但两者是有区别的,鱼骨式构成意在表现远近的空间关系，而中轴对称则可以不管远近透视。结果，唐代后期的经变虽然有一些在透视方面更为进步，而更多的经变则是发展了中轴对称构图的形式，而把透视关系放在其次的地位。

3. 人物组合的空间构成

如果不以建筑或山水来营造空间，仅用人物的组合，同样也可以表现出空间关系。最单纯的是一些说法场面的人物排列成八字形而形成远近关系，如第45窟正面龛顶上部描绘的释迦多宝佛说法的场面，两侧的菩萨较多，形成了二重八字形排列。第205窟南壁的净土变也是以佛像为中心形成二重或三重的八字形构成。通过这样斜向排列的群像而表现出了一定的空间来。而在人物众多的经变画中，群像往往以佛为中心呈圆形聚合排列，表现出空间层次来，盛唐以后净土经变画中出现较多。如第45窟北壁的观无量寿经变、第217窟北壁的观无量寿经变都可以见到（图4-35）。经变画中形成多组的群像。每一组中以一佛像或菩萨为中心，其余的尊像或近或远，或聚或散，但都向着中心的尊像。

如果从科学的透视法来看，唐代经变画的透视表现有时是很混乱的。比如同一建筑物的上半部好像是仰视的角度，而下半部可能就描绘成俯视的。结果当然其消失点并不在同一点上。如第45窟、225窟的净土变构图就可以看到空间关系的矛盾状况。不过，所谓"矛盾"其实是因为我们现在是用科学透视法的标准来看待这个问题，才觉得有矛盾。而在不需要科学透视法的古代，人们面对一幅画是不会用透视的眼光来看的，因为人们已经习惯了这样不科学的处理手法。尽管其表现的景观不完全真实，但中国古代的画论，一般都不要求绘画要多么逼真，而往往强调的是一幅画是否表达出某种精神境界，即所谓"气韵生动"。

总之，唐代前期的经变画，通过建筑、山水以及人物组合等多种方式来展示一个宏大的空间，努力使这个空间真实可感，这个空间就是佛国世界。画家为了把佛经中所描述的佛国世界各种美好的场面表现出来，发挥出惊人的创造力，融会了中国人物画、山水画、建筑画等多方面的成就，把中国绘画的空间表现技法推向高峰。

四、装饰艺术

唐代石窟中由于经变画的流行，通过大画面的经变表现佛国世界成为了当时壁画的时尚，洞窟整体的装饰思想与其说是表现佛国世界不如说是表现现实社会。成组的佛像在龛内排列，以佛为中心，两侧分别有弟子、菩萨、天王等形象，有的洞窟还塑出胡跪的供养菩萨。这样有等级有秩序的排列，多少带有点封建制度中的等级意识。由于大部分洞窟采用覆斗顶窟的形式，洞窟的布局也已成为固定格式。唐前期的洞窟，通常在南北两壁绘出整壁的经变画，在东壁则于门的上部和两侧分别绘出说法图，或者绘出对称构图的维摩诘经变。这样，把佛像集中于洞窟正面龛内，另外三面壁的经变都是描绘佛国净土的内容，全窟就营造出一个更为宏大的佛国世界。

洞窟壁画中经变画成为这个时代的主旋律，其他方面的绘画相对来说不太引人注意。而图案装饰则仅仅限于窟顶藻井和佛光以及龛沿等方面的边饰。尽管如此，唐代的图案也是各时期最为纷繁而富有创造性的。

1. 藻井装饰

初唐的部分洞窟中，藻井的形式继承了隋代的样式，如第329窟的藻井以莲花飞天为中心，中央为一朵大莲花，周围有四个飞天围绕莲花旋转，底色则以深蓝色象征天空，方井的外沿分别画出卷草纹、垂鳞纹和三角形垂角纹。虽然中央的莲花作旋转状态，四角也画出莲花，但总的来说，与隋代的藻井结构非常相似。但是在垂角纹的外沿，又画了一道装饰带，四面各画3身飞天与藻井内的飞天一样沿逆时针方向飞动。于是藻井就似乎扩大到了帷幔外面的天空。这一点比隋代的藻井显得更有空阔之感了（图4-36）。第322窟的藻井也有类似的倾向，

4-36 莫高窟第 329 窟
藻井 初唐

4-37 莫高窟第 322 窟
藻井 初唐

此窟的藻井中央为缠枝葡萄纹和石榴纹，外沿分别绘团花纹、垂鳞纹、联珠纹及三角形垂角纹。在帷幔的外沿则在浅蓝底色上画飞天，白色的云朵与飞天悠然飞舞（图 4-37）。这样在藻井外沿绘飞天装饰带的样式，在初唐较为流行。而藻井中心的图案，除了旧有的莲花纹、联珠纹、垂鳞纹、垂角纹外，出现了不少新的纹样，如葡萄纹、石榴纹等。而莲花纹也往往把莲瓣作了变形，变成桃形或卷云形等。莲花经过这样的变形，往往作放射状构成，形成花瓣丰富，色彩斑斓的一朵大花，却很难看做是莲花了。迄至隋代一直很流行的忍冬纹已被缠枝卷草纹取代。

进入盛唐，藻井图案往往是用一朵大花填满了中心，这时的花朵大体已失去了莲花的特征，花瓣越来越丰富，通常称为团花图案，或称宝相花。周围的边饰，除了卷草纹样外，多用一整二半团花，半团花。第 320 窟藻井底色为红色，中央为团花图案，一层层的花瓣以蓝色、绿色与红色相间画出，层次丰富，色彩艳丽（图 4-38）。藻井外沿依次为半团花纹、菱格纹、一整二半团花纹、垂鳞纹、三角形垂角纹、垂铃纹。比起初唐的藻井来，藻井更加图案化，形象的东西减少了，抽象的内容增加了。也有的藻井设计体现着画家的匠心，如第 172 窟的藻井中心部分与其他洞窟一样，由团花纹等组成，而在外沿部分，则由垂铃纹与网幔组成，在边沿部分则易方为圆，形成一个很大的伞盖状，而在方形覆斗顶的四披，圆与方的交接处就形成了四个角。画家在四个角上各画了一身飞天。这样，圆形的伞盖与方形的覆斗顶之间的变化，以及飞天的创意，使这个藻井显得格外活泼，充满生机。

2. 佛光装饰

隋朝的画家们已经尝试把佛光画得有光感，唐代壁画中表现佛与菩萨、天王的佛光，也往往通过色彩的浓淡变化来表现光的效果，尤其是在经变画中，人物、景物众多的情况下，表现菩萨、天人的透明的头光，在第172窟、217窟的观无量寿经变，第103窟的维摩诘经变等壁画中都可以看到。但在同样的经变画中，对主要的佛像和菩萨像，头光往往以华美的图案来表现。

洞窟中龛内的塑像头光往往是精心绘制的。如第217窟的龛内中央佛的背光：头光中心为莲花形，外沿一圈为团花图案，背光也为团花图案。最外层的火焰纹则由蓝、绿、红三色相间画出，每一层的边缘都以贴金来表现。龛两侧菩萨的头光，因塑像已佚，得以看到全貌（图4-39）。头光中央为莲花，其外沿为桃形莲瓣组成的纹样，再外则为一整二半团花图案。最外缘为红色的火焰纹。佛光的特点因为要表现光，历代都离不开火焰纹。但唐代的佛光却不像早期那样以火焰纹为主，而是以团花和卷草纹样为主，不强调火焰，主要还是为了突出一种华美的装饰性，即使是主尊佛像的背光，火焰纹相对所占比例较大，也是以青绿色与红色相间，也减轻火焰纹的动态，渲染的是一种典雅、华贵的气度。第320窟北壁经变画中主尊佛像的背光，甚至完全不用火焰纹，而采用方胜纹作为背光的外缘，以卷云纹作为头光的外缘，均以绿色染出。这样的头光在第217窟、第148窟、第445窟等窟中也可看到。

4-38 莫高窟第320窟
藻井 盛唐

4-39 莫高窟第217窟
西壁龛内头光 盛唐

第五章　唐代后期石窟艺术

　　唐代以唐德宗建中二年（781年）河西为吐蕃所统治为分界线，分为前后两个阶段。唐代后期共126年，其间吐蕃统治67年，这段时期也称中唐。吐蕃民族同样崇信佛教，这一时期新开洞窟48个，又重修了28个洞窟和完成盛唐未完工的9个洞窟。大中二年（848年），沙州张议潮率众起义，逐走吐蕃统治者并次第收复河西州郡，归复唐朝，唐朝在敦煌建立了归义军政权。自张议潮起义，到李唐最后一年（大中二年至天祐四年，即公元848-907年）为晚唐时期，因这一时期敦煌为张议潮家族统治，也称为张氏归义军时期。晚唐莫高窟共开凿了71个新窟，续建和重修了前代的11个洞窟。

第一节　唐代后期的洞窟形制

唐代后期的洞窟形制，仍以覆斗顶窟为主，但覆斗顶窟也形成一些不同的类型。

1. 设帐形龛的覆斗顶窟

一是在洞窟正面开龛的，佛龛正面为方形，龛顶为盝顶，在龛内设马蹄形佛坛，佛像安置于佛坛上，如第159窟、231窟、112窟、156窟等（图5-1）。盝顶形龛也称为帐形龛，大体还是仿照斗帐的形式来设计的，盛唐已有出现，但到中唐以后才流行起来。龛顶及龛沿的装饰图案也往往有垂幔纹、垂角纹等纹样形式。也有少数洞窟佛龛不作盝顶形，而如唐前期流行的敞口龛那样的斜坡顶，如第154窟。

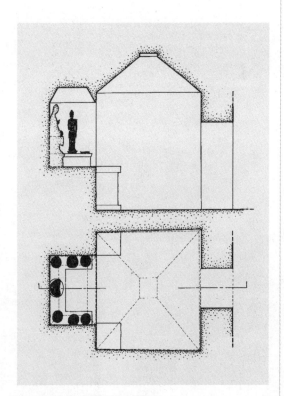

5-1 莫高窟第112窟平面立面图

2. 设中心佛坛的覆斗顶窟

在洞窟中央设佛坛，塑像置于佛坛上。初唐第205窟已出现了在中央设佛坛的形式，但在唐前期并未流行。榆林窟中唐时期的洞窟则多为中央佛坛窟，如榆林窟第25窟是保存较完好的中唐窟，有长长的甬道和完整的前室，主室为覆斗顶窟，中央设方形佛坛，坛上仅存一佛像，从佛坛上的遗迹来看，当时可能有一铺七身塑像。榆林窟与莫高窟的不同之处在于榆林窟大部分洞窟都保存了完整的前室及前甬道。而第25窟显然是一个规划十分严整的洞窟，在前甬道两侧各有一个方形的小耳室（现编号为24窟、42窟），经甬道进入前室，前室平面为方形，顶部为一面坡形，东高西低。由前室进入主室的甬道较短（图5-2）。榆林窟第15窟也是中唐所开，前甬道已毁，前室尚完整，也为一面坡顶，主室平面方形，有方形的中心佛坛，坛上现存一佛二弟子二菩萨二天王像为清修，此窟仅前室存中唐壁画，可知为中唐开凿。莫高窟在晚唐时中心佛坛的洞窟较多，如第16窟、85窟、196窟等，均为大型洞窟，有的洞窟主室平面达200平方米。在前室与主室之间有较长的甬道，主室中央设马蹄形佛坛，佛坛前部中央有踏道，坛后有背屏与窟顶相连。第196窟佛坛上现存一佛二弟子一菩萨一天王，从遗迹来看，当初应是一铺七身的塑像。

3. 涅槃窟

涅槃窟在盛唐第148窟已经出现，中唐第158窟也是一个大型涅槃窟，此窟主室进深7.25米，南北宽16.50米，高6.43米。西壁设高1.55米的佛坛，佛坛上塑释迦涅槃像一身，长15.6米。此窟与第148窟不同之处在于窟顶为盝顶形，南北两侧不开龛，而各塑一身佛像（图5-3）。第365窟也是一例特殊的窟形，此窟主室南北宽 12.75 米，高 6.18 米。西壁有横长方形佛坛，坛上塑有七身结跏趺坐禅定佛塑像（清修头部）。这样以七佛为题材的大窟在莫高窟也仅此一例。

4. 影窟

莫高窟第 17 窟开在第 16 号窟的甬道北侧，坐北朝南，为方形覆斗顶窟，北侧设佛床，床上塑高僧洪辩像。这是为纪念当时的河西都僧统洪辩而建的洞窟，称为影窟。第 17 号窟应该是第 16 窟的附属洞窟，第 16 窟是一个大型覆斗顶窟，中心有佛坛。这个洞窟是洪辩和尚生前主持营建的，因此，洪辩的影窟就开在第 16 窟的甬道北面。类似的影窟还有第 138 窟甬道北侧的第 139 窟（晚唐），洞窟的形制与壁画主题大体与第 17 窟一致，可知影窟有一定的规范。

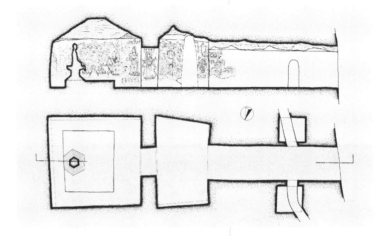

5-2 榆林窟第 25 窟平面立面图

5-3 莫高窟第 158 窟窟形透视图

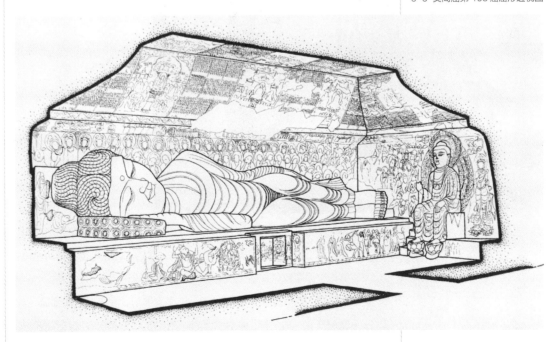

第二节 唐代后期的彩塑艺术

唐代后期的彩塑，承袭唐代前期题材与风格，正面大龛里，通常以佛为中心，两侧有弟子、菩萨、天王、力士等组成群像，一铺七身或九身。由于毁坏严重，或经后代重修重塑，唐代后期完整保留下来成组的彩塑较少，第159窟的彩塑相对完整，此窟原有一铺7身彩塑，中央的佛像已不存在，剩下二弟子、二菩萨、二天王。这种格局与第194窟相似，菩萨的形象也很有特色：北侧的菩萨双目下视，上身袒裸，下着绣花锦裙，肌肤洁白，一手上举，一手自然垂下，身体丰盈，姿态落落大方。南侧的菩萨曲眉丰颊，发髻高耸，衣饰华丽，一手托物上举，一手下垂，轻握飘带，姿势优雅（图5-4）。外侧的两身天王挺胸怒目，直视前方，两手紧握，仿佛正要出击。天王与菩萨形成动静对比，却又和谐统一。

5-4 莫高窟第159窟
龛内南侧彩塑 中唐

类似风格的彩塑在第197窟也可看到。总的来说，世俗化倾向明显，制作十分精致，在很大程度上保持着盛唐风范。

第196窟是一个大型洞窟，中央设佛坛，在佛坛上塑佛像，当初应该有一铺七身，现存仅五身（图5-5），中央的佛像与两侧的弟

5-5 莫高窟第 196 窟彩塑　晚唐

子神情庄严，北侧的菩萨坐在莲座上，通高 2.65 米，神情娴雅，体态丰盈，肌肤圆润，充满女性魅力（图 5-6）。天王体态魁梧，一手叉腰，一手扬起（当初可能是手执武器），气势慑人。这一组彩塑体形高大，比例合度，神态各具特色，体现着盛唐以来恢宏的气度。

晚唐第 17 窟的洪辩像，则是石窟中为数极少的塑造现实人物的彩塑（图 5-7），这是一个坐禅僧人，结跏趺坐。艺术家特别注重面部表情的刻画，表现出一个智者的精神状态。袈裟笼罩住全身，使身体形象显得完整而单纯，流畅的衣纹又体现出生动之趣。

第 158 窟的涅槃像则反映了唐代后期大型彩塑

的巨大成就，佛像长 15.6 米，右枕而卧，脸型丰满，双目微闭，表情带着欣慰（图 5-8）。身体的轮廓构成起伏的曲线，而衣纹也形成一道道弧形，与身体曲线相映衬，构成优美的韵律。涅槃是佛教追求的终极目标，佛教认为涅槃是佛肉身的消失和精神的升华，与凡人之死不同。因而早期佛教艺术中反对以僵尸的形式来表现涅槃。在印度早期艺术中，主要采用佛塔的形式来表现涅槃。对佛塔的礼拜是印度早期佛教信仰最普遍的形式。最早的涅槃像大约是在犍陀罗地区产生的。因为这一地区受古希腊罗马文化的影响，对佛涅槃的理解和表现都与印度本土差异较大。至今我们还可以在犍陀罗雕刻中看到不少涅

槃像，在中国西部的新疆库车一带石窟中也可看到。犍陀罗雕刻的涅槃像，大体上表现为横躺着的佛像，身体较僵硬，如死人一样。而在中国，经过数百年佛教艺术的发展，中国的佛教信仰者对涅槃精神有着深刻的领悟，加之艺术家们对雕刻艺术的成熟运用，在涅槃像的表现上体现出较高的美学思想。第158窟涅槃像可以说通过一种静谧而愉悦的表情来表现释迦牟尼佛涅槃之时的精神状态，成功地诠释了涅槃要义。而从艺术上则以完美的造型，给人以无限美好的享受，真正做到了"以形写神"。第158窟的彩塑在表现风格上与盛唐130窟较为一致，对佛像的神态及面部、手、足等肌体的表现细腻而精致，仍可感受到盛唐风范。

5-7 莫高窟第17窟 洪辩像 晚唐

5-6 莫高窟第196窟 菩萨 晚唐

5-8 莫高窟第158窟 涅槃佛像 中唐

5-9 莫高窟第 12 窟南壁全壁布局　晚唐

第三节　唐代后期壁画的主题与布局

唐代后期的壁画题材与唐代前期大体相同，主要有尊像画、经变画、佛教史迹画、供养人画像、装饰图案画五类。但在洞窟中的布局和画法上稍有不同，唐前期那种占满整壁的巨幅经变画减少，而往往在一壁之内并列 2-5 铺经变，在经变画的下部出现了并列的长方形条幅结构的画面，通称为屏风画（图 5-9）。屏风画中往往配合上部的经变而表现具体的情节。在佛龛内也常常以屏风画的形式表现一些经变内容。

1. 尊像画

由于经变画的流行，传统的说法图形式出现较少，在佛龛的两侧画菩萨的形式则比较多。文殊与普贤赴会图往往人物众多，场面宏大，如第 159 窟佛龛两侧的文殊与普贤赴会图中，前后跟随的菩萨、天人、乐伎等超过了 30 人，颇有经变画的特点，所以称为文殊变、普贤变也有一定的道理。也有的洞窟在佛龛两侧画出单体的菩萨像，大多为观音菩萨与大势至菩萨。这一画法在盛唐已出现，中唐以后，又往往在一些经变画的两侧也画出单体菩萨立像，如榆林窟第 25 窟南北壁的经变画两侧均画单体菩萨

像。晚唐时期有的洞窟则在南北壁下部以屏风画的形式表现单体菩
萨像。如第 196 窟南北壁下部各有 15 扇屏风，每一扇屏风中有一身
菩萨，或正面或侧面，或安详而立，或徐步而行。表现菩萨不同的动
态和神情。南壁一身大势至菩萨表现为
侧面，左手托莲花，右手轻提飘带，款
款而行，裙角微微飘起，显示出脚步的
动态(图 5-10)。也有在屏风画中表现单
体的菩萨或弟子形象，在第 14 窟、107
窟等洞窟中均可见到。

　　中唐以后，天王的表现受到重视，榆
林窟第 15 窟则在前室南北壁分别画出天
王形象，南方天王身著甲胄，挟弓持箭，
目视前方，身旁有裸体的夜叉侍从。北方
天王上身半裸，一手持棒，一手持鼠，旁
有披虎皮的药叉侍立。这一形象有密教
特征，是中唐出现的新样式（图 5-11 ）。

　　2.经变画

　　经变画是表现最多的题材。洞窟内
的主要壁面基本上都是绘制经变画的。
从题材上看，相当部分沿袭唐前期流行
的内容，如观无量寿经变、药师经变、弥
勒经变、维摩诘经变、法华经变等，此
外，出现较多的有报恩经变、天请问经
变、金刚经变、金光明经变、楞伽经变、
思益梵天请问经变、华严经变等。另外
如劳度叉斗圣变，虽然唐前期也偶有出
现，但在晚唐才特别流行。唐代后期还
出现了不少密教题材的经变，如八大菩
萨曼荼罗（榆林窟第 25 窟）、如意轮观音、千手千眼观音、千手千钵
文殊等等。唐后期由于经变题材众多，往往一窟之内绘制七八种甚至
十数种经变。单从经变画的种类来看，唐代后期的经变画种类最多，

5-10 莫高窟第 196 窟
大势至菩萨 晚唐

183

反映了在佛教文化高度发达的时代,佛教各宗各派都影响到了敦煌。

报恩经变

报恩经变是根据《大方便佛报恩经》绘制的,这部经典并非译自印度传来的佛经,而是中国僧人编纂而成,属于所谓"疑伪经"的范畴。但在唐代以后一直很流行,因为它是佛教与中国传统思想融合的产物,经中的主题就是要讲"报四恩"即"上报佛恩,中报君亲恩,下报众生恩",这与中国儒家的忠孝思想非常一致。报恩经变最早见于盛唐末年开凿的第148窟内,中唐第112窟、154窟、231窟,晚唐第85窟、156窟等窟都有出现,其中第85窟南壁的报恩经变内容最为丰富,情节最为完整。报恩经变以佛说法场面为中心,四周详细描绘经中的主要内容,包括孝养品、恶友品、议论品等。

"孝养品"讲述波罗奈国大臣罗睺杀了国王篡位,同时派兵征讨驻守在边境的国王的儿子。叛军将至,侍从向王子报警,于是王子携带王妃及儿子须阇提逃亡。因所带食物不足,数日之后,粮食用尽。王子打算杀了王妃,食其肉以解燃眉之急,须阇提愿以自身之肉供奉父母,每日割自己肉三份,为父母及自己各一份,几日后须阇提肉尽,不能前行,剔骨节的余肉以献父母,并催促父母速逃邻国,以搬救兵。王子与王妃走后,天帝为了考验须阇提的诚意,变为猛兽欲食其肉。须阇提毫无所惧,愿以身体施舍猛兽,于是天帝为之感动,而使其身体平复如故。王子最终得到邻国救兵,平息了判乱。王子夫妇归国途中,却惊喜地看到须阇提"身体完好如初",一家共乘大象回国。举国上下感佩须阇提"仁孝",共同迎请须阇提为王。

"恶友品"讲的是有一个小王国,国王有二子分别为善友、恶友。善友心地善良仁慈,恶友则常怀恶念。善友太子见众生劳苦,便将国库的财物施舍于民,但时间久了国库空虚,受到众大臣反对。善友决定出海求"摩尼宝珠"以济众生(在佛教中摩尼宝珠是可以随意索求,皆能如愿的宝物)。恶友此时也欲同行。国王便派人陪同善友、恶友二王子乘船出海。先后到达银山、金山、七宝山。善友坚持要到龙宫,随行的盲导师忽然去世,临终前告诉善友去龙宫索取摩尼宝珠的道路,善友最终到达龙宫,从龙王处求得宝珠,返途中在一海岛却遇恶友,原来恶友贪图金银,船载过重而倾覆,仅自己逃得性命。恶友在得知善友获得宝珠后,心生忌恨,趁善友入睡后用毒刺刺其双眼,夺珠而去。善友眼瞎痛昏在地,恰有牛群路过,牛王以身伏护善友,并用舌舔出毒刺。善友太子流落利师跋国,并与利师跋国的公主相识、相爱,最终结婚。由利师跋王派人送太子及公主回国,太子归国后以德报怨,释放被国王监禁的恶友,取得摩尼宝珠并沐浴焚香祈祷摩尼宝珠变化衣物财货施舍于民。

"论议品"讲的是波罗奈国仙圣山中,有一南窟仙人,一北窟仙人。南窟仙人常于溪水边便溺,一雌鹿到溪边饮水,吸入南窟仙人便溺所含精液而怀孕。不久,鹿产一女,人形而鹿蹄,母鹿将女孩送至南窟仙人处,南窟仙人就将女孩收养。鹿女长到14岁时,一日不慎熄灭火种,南窟仙人令其向北窟仙人索取火种。鹿女到北窟求火,北窟仙人见鹿女足到之处皆生莲花,故嘱其沿窟绕行七周,于是莲花环窟而生。一日,国王游猎,见北窟仙人窟外朵朵莲花,仙人告知是鹿女足下所生,国王即到南窟索鹿女而去。波罗奈王携鹿女回宫封为一品夫人,不久怀孕,月满

5-12 莫高窟第 196 窟 劳度叉斗圣变中舍利弗

经文的底本，是把佛经内容加以演绎讲说的，比起佛经来，增加了很多想象补充的成分。敦煌藏经洞出土的《降魔变文》有多种抄本，其中藏于法国的 P.4524 卷依次画出佛弟子舍利弗与外道劳度叉斗法的场面，背面则在与图相应的地方抄写变文（或唱词）。显然是当时俗讲僧人们宣讲时所用，将图面对听众，而自己从卷子背面正好看到文字提示。这一内容在莫高窟晚唐第 9 窟、196 窟等窟中都以通壁绘制舍利弗与外道劳度叉斗法的内容，敦煌壁画中称为劳度叉斗圣变（图 5-12、5-13）。因为"降魔变"一词通常是指佛传故事中释迦牟尼成佛之时与降服魔王一事，自北魏以来壁画中多有描绘，且在佛教史上已成固有的称呼。而"劳度叉斗圣变"一词源于宋郭若虚《图画见闻志》。第 196 窟西壁的劳度叉斗圣变长达 9.5 米，构图是以佛弟子舍利弗与劳度叉相对峙的场面。左侧舍利弗坐于高高的莲台上，身后有两株菩提树形如背屏。旁有佛弟子及诸天人。右侧是外道劳度叉坐在一个方形台上，台的四角支起杆子，搭成一个帐篷状。众外道站在这一侧。中央画出斗法的一些细节，如劳度叉化出一座山，舍利弗化金刚将山击碎；劳度叉化出水牛，舍利弗化狮子阚食；劳度叉化一宝池，舍利弗则化大象吸干池水；劳度叉化一毒龙，舍利弗化金翅鸟啄之；劳度叉化一黄头鬼，舍利弗化毗沙门天王捉

生产一朵大莲花，国王责鹿母畜类，所生亦为怪物，故废为庶民，弃莲于池。一日，王与群臣嬉游池边，见池中莲花发红光华，派人摘取，于莲花中得五百儿。国王知是鹿母所生，向鹿母悔过自责，重立鹿母为第一夫人。后来五百太子长大成人，力敌千人，邻国不敢侵犯，国土安稳。

劳度叉斗圣变

劳度叉斗圣变与其他的经变不同，通常的经变是根据佛经内容绘制的。但劳度叉斗圣变的内容虽然与《贤愚经》的一些内容相关，具体情节却与唐代流行的变文《降魔变文》完全对应。变文本来源于讲

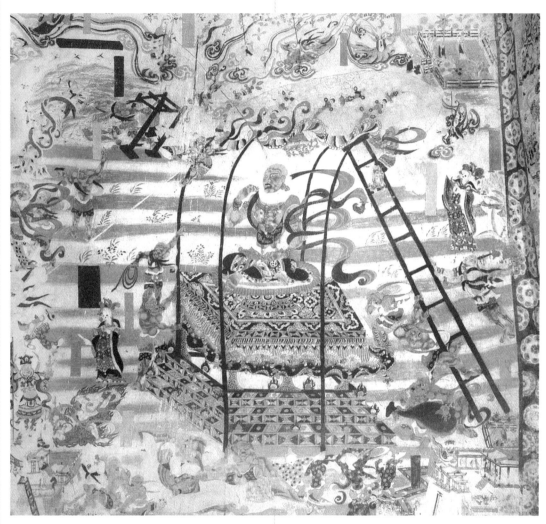

5-13 莫高窟第196窟 劳度叉斗圣变中劳度叉 晚唐

鬼。最后，劳度叉化出大树，舍利弗化大风，将树连根拔起。而画家将这凌厉的风势表现为全画面的一个趋向，表现劳度叉的宝座在大风中摇摇欲坠，外道们不得不搭着梯子努力支撑。众魔女们也被吹得衣襟飞舞，花颜失色。画面下部还表现外道们皈依后，剃度、洗浴等场面。总之，在巨幅画面中，以对称式构图分布故事情节，以大风劲吹的情节使画面形成统一趋向。表现佛家与外道斗法，严肃中又不乏轻松与诙谐。这样的经变画也与表现净土世界为中心的经变画完全不同。

金刚经变

《金刚经》是一部重要经典，唐玄宗曾亲自为之作注并颁布全国，可见所受的重视，这部经典通过佛与弟子须菩提的对话来讲述佛教的知慧，其中包

5-14 吐蕃赞普礼佛图 莫高窟第 159 窟东壁 中唐

含的哲理较强，《金刚经》为禅宗所尊奉，在中国特别流行。画史记载吴道子就曾绘金刚经变。可惜吴画已经不存，但在敦煌石窟中却保存了不少金刚经变。由于这部经典的内容比较抽象，不像《报恩经》等经典那样有众多的故事，画家只能选取一些经典中提到的事情表现出来。如释迦牟尼往舍卫城乞食，须菩提向佛问话，歌利王本生等等。经变以佛说法为中心，往往以山水为背景，表现祇树园说法的场景。第 112 窟、156 窟等窟的金刚经变都是较有代表性的。

此外，还有华严经变、密严经变、天请问经变、思益梵天请问经变、楞伽经变等，其主题倾向于较抽象的哲学道理，而较少故事情节，画家往往只能找到一些标志性的特征加以描绘，以示区别，而总的构图则大体以佛说法图为中心，或以山水为背景或以建筑为背景。

有部分题材，在表现形式等方面与唐前期有所不同。如维摩诘经变大多绘于洞窟东壁门两侧，表现维摩诘与文殊菩萨作对谈之状。唐代前期的维摩诘经变，通常在维摩诘和文殊菩萨的下部分别画出中

5-15 莫高窟第384窟北壁 如意轮观音变 中唐

国帝王及大臣图和外国王子图。在吐蕃占领敦煌期间，维摩诘经变中的外国王子图则改为以吐蕃赞普为首的外族人物，与中国帝王形成分庭抗礼的格局。第159窟即是典型的画面（图5-14）。到晚唐归义军时期，吐蕃赞普的形象就不再出现。

　　这一时期受到印度波罗王朝传来艺术的影响，密教经变开始流行，较多的有八大菩萨曼荼罗、千手千眼观音、如意轮观音、十一面观音、千手千钵文殊等。这些密教尊像往往以曼荼罗的形式表现，通常主尊在中央，周围画出主尊侍从及相关的尊像。如第

384窟的如意轮观音有六臂，分别持如意轮、莲花等物，坐于莲花座上，上部有日天和月天，下部水池中有龙王，两侧有毗那夜迦等眷属（图5-15）。榆林窟第25窟正壁绘八大菩萨曼荼罗，以卢舍那佛为中心，两旁各有四身菩萨，分别为地藏菩萨、虚空藏菩萨、文殊菩萨、弥勒菩萨、金刚手菩萨、普贤菩萨、

5-16 莫高窟第 14 窟甬道顶
于阗牛头山瑞像 晚唐

观音菩萨、除盖障菩萨。有的洞窟集中画出密教经变，占壁画的主要位置，如莫高窟第14窟，南北壁分别绘出十一面观音经变、不空羂索观音经变、千手千眼观音经变、如意轮观音经变、千手千钵文殊变等，是密教经变出现较多的。但到晚唐为止，尚未出现全窟都表现密教内容的洞窟。

3. 佛教史迹画

佛教史迹画在唐代后期往往以单独的瑞像形式来表现，如第231、237等窟的佛龛盝顶的四披画出一幅幅瑞像图。第237窟盝顶画出瑞像共41幅。每一幅中仅画出一像，大多表现佛教传说中佛的化现，如于阗坎城瑞像、海眼寺瑞像等等。如千佛一般排列，除少数故事内容有些特征外，大体形象相仿，若无题记说明，很难知道是什么内容。

晚唐第9窟的甬道顶部画出了以于阗牛头山为中心而表现众多瑞像的画面。画面中心为牛头山的释迦瑞像，山的下部如一个牛头的样子（图5-16）。在两侧分别画高僧安世高、刘萨诃的故事，及阿育王弘法、那烂陀大寺等等内容。上部画出三个与水相关的故事：毗沙门天王与舍利弗决海、释迦度商主、迦叶救如来溺水。画面对故事情节的安排尽量与景物的布局相协调，以青绿重色表现大海及水池，赭色与石绿配合表现山峦等方面都表现得较为成功。第340窟的甬道顶部也画出了同样的题材，采用同样的构图，基本上是模仿第9窟甬道的画法，但在人物形象的表现、色彩的晕染等方面稍逊一筹。总之，第9窟甬道顶的佛教史迹画以山水为背景，从

5-17 张议潮出行图 莫高窟第 156 窟南壁 晚唐

中分布各个故事,这是在经变画发展中已十分熟练的手法,用于佛教史迹画,当然毫不奇怪,但把这些本来互不关联的瑞像故事组合在一个画面中,也不能不说是一种创造。而且这样的形式在晚唐出现之后,一直影响到五代、北宋的 200 年间。

4. 供养人画像

中唐时期保存的供养人画像较少,在第 231 窟东壁门上部可见有男女供养人各一身,均坐于毯上,持香炉供养,身后分别有男、女侍从各一身奉花而立。从中央的榜题文字可知此二人为敦煌郡处士阴嘉政的父亲阴伯伦和母亲索氏。从题记中可知此二人已故,是由后人建造窟后将先人画于窟中,也是一种供奉。因而这两身供养人与别的供养人像不同,除了位置特别外,还都为坐姿,而通常佛窟中的供养人均为站立的。这个类型的供养人在中唐第 231 窟是最早之例,晚唐时期则有更多出现,如第 9 窟、12 窟、144 窟等。

在第 9 窟、85 窟、156 窟、196 窟等窟中,甬道两侧画供养人像已成固定的格局,供养人像十分高大,大体与真人等身,并有详细的题记文字,注明供养人的头衔。这些供养人题记无疑是研究历史的重要资料。而从绘画艺术来看,这样大型的人像也是十分珍贵的古代肖像画资料。可惜由于甬道往往容易受光,或被进出的游人擦拭,大部分供养人像也都变得模糊不清了。

第 156 窟的南北壁及东壁分别画出河西节度使张议潮与夫人宋氏的出行图(图 5-17),首创出行图之例。张议潮于 848 年率沙州民众起义,推翻了吐蕃人的统治,并相继收复河西十一郡,归附唐朝,朝廷在沙州设归义军建制,封张议潮为节度使。张氏后人营建了第 156 窟,除了在甬道两侧画出张议潮一家的供养像外,还在窟内的南壁到东壁画出规模宏大的张议潮出行图,北壁相对的位置,则画出宋国夫人出行图。

张议潮出行图是按当时有关制度表现出的一位节度使出行的仪仗队伍。封建社会时代有"卤簿"制

5-18 莫高窟第 144 窟 壶门图案 晚唐

度，规定了不同级别的官员在正式出行时的仪仗形式，如旌、节以及各种形式的仪卫及随行人员等。因而，出行图十分真实地反映了唐朝"卤簿"制度及相关实物的形象，对于认识唐代典章制度来说，尤其重要。张议潮是敦煌一地的最高长官。壁画中的出行图详细描绘了张议潮统军出行时严整的仪仗形式，前部有鼓角及文职武职人员开道，有专人奉旌、节前行。张议潮骑马而行，后面的随从的卫队，题记上称为"子弟军"。画面由南壁延续到东壁南侧，全长 8 米多，是敦煌壁画中表现真实历史人物的仪仗，十分珍贵。与张议潮出行图相对的北壁是宋国夫人出行图，张议潮夫人宋氏被封为"宋国夫人"，与张议潮出行图不同的是，对于夫人的仪仗，典章制度似无明确规定，因而画面也表现得较活跃，开头就画出有杂耍、顶杆游戏的画面以及音乐舞蹈的场面。还画出张家女儿的肩舆（轿子）及拉着行李、辎重的车辆等，画面中央表现宋国夫人骑马而行，画面后部同样表现卫队。敦煌石窟中，五代时期还出现了曹议金夫妇出行图、慕容归盈夫妇出行图，都是受张议潮出行图的影响而绘。

5. 装饰图案画

唐代后期的装饰图案画多集中在窟顶藻井和佛背光的装饰。虽然藻井装饰在唐前期已经发展得十分丰富，但在唐代后期，仍有一些新的因素，如茶花图案的出现。在第 159 窟、201 窟等窟的藻井都是以茶花纹为中心的。也有在藻井中心绘以佛像、千手千眼观音像等形象的，也成别具一格的装饰风格。盝顶龛的顶部通常有棋格图案，在四方连续的棋格形纹样中，往往配以团花纹样。此外，在佛坛下部又出现了新的装饰，就是壶门（这个词在学术界曾一度被误为"壶[音 kǔn]门"，今按四库全书本《营造法式》，仍用"壶门"），壶门本是古代建筑中的一种形式，通常在墙的下沿，或者坐具的下部形成透光或透风的构造，如窗户一般，形状如壶，故称为壶门。敦煌石窟中佛坛下部的壶门，往往也以浮塑的形式，壶门内部凹进，与家具中的壶门形式一致。壶门中绘以伎乐天人，也有绘花卉或动物的（图 5-18）。此外，在不同经变画之间用边饰图案装饰。边饰流行半团花或一整二半团花的形式。

第四节　唐代后期壁画的艺术特色

一、人物画艺术

　　中唐是壁画发展的一个重要转变时期，唐前期画面
较满，人物众多，装饰繁复，雍容华贵，色彩华丽灿烂。
这样的风格在中唐仍有继承，如第199窟龛外北侧的菩
萨像（图5-19），面相丰圆，身体略呈"S"形，手托一
玻璃碗中的莲花。人物主要以流畅的土红线描画出，肌
肤的色彩较淡，仅飘带与服装用石绿和石青染出，突出
了衣饰勾勒的曲线，从而使人物充满活力而又显得十分
典雅。中唐以后经变画等画面虽然也同样构图较满，但
却因人物较集中，而留出较多的空间来表现建筑和山水，
色彩渐渐趋向清淡。如盛唐以来流行的在佛龛两侧或东
壁门两侧表现文殊变、普贤变的画面。第159窟西壁佛龛
两侧分别以文殊菩萨、普贤菩萨为主体，前后有众多的
天人簇拥，人物众多，描绘细腻。特别是文殊菩萨前分
别演奏着笙、横笛、拍板的伎乐天，表情专注，动态优
雅，仿佛沉浸在美妙的乐曲旋律中。这一组文殊变、普
贤变中人物的线描展示出吴道子一派"吴带当风"的特
征，通过如行云流水般的线描，刻画出人物的细微动态，
体现出人物内心的喜悦之情。而在榆林窟第25窟的西壁
门两侧，同样表现文殊变和普贤变，画面中人物大为减
少，文殊变中除主要人物文殊菩萨外，前后仅有三位侍从
菩萨和一位牵狮的昆仑奴（图5-20）。而人物敷色简淡，
突出线描。这样的风格同样源于吴道子一派的绘画精神。
《图绘宝鉴》对吴道子的画有这样的记载：

　　其傅彩，于焦墨痕中略施微染，自然超出缣素，世谓
之"吴装"。

　　说明吴道子的绘画往往用色较少，只是"略施微染"。
其用意就是为了突出线描的特点。从敦煌壁画中唐以后
的绘画特征来看，正反映吴道子影响下的壁画风格趋势。

5-19 莫高窟第199窟
菩萨像 中唐

5-21 莫高窟第 158 窟 佛弟子 中唐

这种以线描造型为主，色彩简淡的壁画，在一些大型洞窟中，也可看到通壁巨制的人物画，如第158 窟的涅槃经变，以较大的画面突出表现佛涅槃时众弟子以及世俗人物悲伤的情景。南壁表现众弟子

5-20 榆林窟第 25 窟 文殊变 中唐

举哀，表现大弟子迦叶双手上举，悲痛欲绝，旁边的弟子们不得不抱住快要倒地的迦叶，而在众弟子前面则是阿难跪地，右手在耳旁，仿佛还在聆听佛的教诲（图 5-21）。在西壁佛像后面画出的充满悲伤的众弟子像，在弟子身后，则是表情静穆的菩萨像。

5-22 莫高窟第 225 窟 吐蕃供养人像 中唐

在北壁表现一汉族帝王悲伤痛哭的样子，两侧有侍女相扶，旁边则是不同装束，不同肤色的人物，均露出悲痛之色，有的握剑刺胸，有的用刀割耳，或持匕首刺胸。这与历史记载中亚一些民族在失去亲人之时表现悲痛的状况相同。画面配合涅槃佛像画出这样一组悲痛的人物，表情与动作较为夸张，具有强烈的感染力。大部分人物高度都超过 2 米，线描刻画体现出画家深厚的功力。

较多的洞窟，则体现着这一时期画家追求一种精致、细腻风格的趋势。莫高窟第 112 窟、154 窟、159 等窟的经变画中，菩萨、天人等形象身型娇小，

比例和谐，动态自然。面形圆润，眉清目秀，大多数人物肌肤不以重彩，而只有简淡晕染。第 112 窟的壁画中，还在人物面部以白色云母粉晕染肌肤，又在嘴唇部分点胭脂红，有一种独特之美。但对菩萨面型、神态以及璎珞等装饰的表现中也有些模式化的倾向。

晚唐时期的供养人像，描绘雍容华贵的人物形象，尤其是女供养人像，也可看到类似周昉一派的仕女特征。但在一些相对不很重要的画面中，往往能体现出画家娴熟的技艺。如第 225 窟的吐蕃供养人像，寥寥数笔便勾勒出一个生动的人物形象，反映了吴派"笔才一二、象已应焉"的特点（图 5-22）。

唐代以后佛教密宗开始流行，特别是唐代后期，印度波罗王朝的绘画风格传入中国，主要体现在密宗绘画的尊像和曼荼罗等主题的表现上，佛或菩萨像多为衣服贴体，突出身体轮廓，菩萨多为上半身袒裸，仅有飘带、璎珞装饰，下半身着裙，头冠和璎珞极其华丽，身体比例准确，苗条细腰，反映出印度式的审美精神。榆林窟第 25 窟中唐时期所绘八大菩萨曼荼罗是较早出现的波罗风格绘画，莫高窟中唐第 360、361 窟等窟均有类似风格的绘画，晚唐第 14 窟密教主题较集中表现在主室南北壁，在画法上也反映出明显的波罗风格。如南壁的金刚母曼荼罗，中央为金刚母菩萨结跏趺坐于莲座上，双手作禅定印，上身半裸，头冠、璎珞、臂钏等装饰各种珠宝，极其华丽。飘带和裙子表现为极薄极透明的面料。金刚母菩萨周围有菩萨天人十六身环绕，有男有女，或持花，或执剑，或持梵箧，或作舞蹈之态，动态表情各不相同（图 5-23），展示印度风格影响下的人体美。

5-23 莫高窟第 14 窟 金刚母曼荼罗中持莲花菩萨 晚唐

5-24 山水 莫高窟第112窟 报恩经变中山水 中唐

二、山水画艺术

唐代后期的山水画中水墨画开始流行，与唐前期的青绿山水迥然不同。这些具有水墨画特征的山水画为我们探索唐代水墨山水技法的兴起和发展，提供了重要的参考资料。水墨山水不仅仅是色彩变得简淡，而且在山石树木造型与技法上有了很大的改变，唐前期青绿山水中，山头形状浑圆，线描柔和，唐后期则山头多尖峰，笔法刚硬。即使是在一些以青绿重彩绘出的山水画面中，也可看出区别，如晚唐第85窟东壁门上部萨埵本生故事，采用连环画的形式，描绘故事内容，但没有像早期的那样分段画

成长卷形式，而是以山水为骨干，均衡地分布情节，山脉相连，很难分隔开来。山峦的画法与唐前期的山水画相比，有了一些微妙的变化：首先是山的形状由圆润变为坚硬，山头多为角形，注重对岩石的刻画。在色彩上，唐前期是以石绿为主，而这里则以石青为主了。中唐以后，壁画的色彩趋向于简淡，但进入晚唐以后，青绿重色再一次受到重视。尽管如此，色彩简淡的倾向似乎是难以阻挡的潮流，同样是青绿山水，唐前期那种色彩丰富而绚丽的气氛，山势雄浑的境界不复出现。如第9窟的壁画中，在窟顶经变中也画出了连绵的山峦，但山峰与山峰之

间的联系显得不太自然，由远景山峰到近景平地间也缺乏一个有机的过渡。但峰峦显得坚硬，近景岩石的表现加强了，这是新的倾向。

中唐第 112 窟是一个小型洞窟，在南北两壁各画出了两铺经变，北壁的报恩经变和南壁的金刚经变里都画出了山水画。报恩经变上部画的是"论议品"即鹿母夫人的故事。左侧画出一座山中有一大石窟，窟中一人在修行。窟外一鹿正在饮水。右侧也画出石窟内一人修行，窟外一女子行走，身后有很多莲花，前面有一王者正骑马经过。画家着意刻画了山崖和岩石，体现出一种幽静的气氛（图 5-24）。

这里的山水则是全新的样式，山头几乎都是尖锐的角形，轮廓线转折强烈，似乎表现岩石的特征，颜色也极为清淡，仅用少量的石绿。值得注意的是，在墨线勾勒之后，又用淡墨渲染，这样的方法是水墨画的特征。第 154 窟也有同样的表现，该窟东壁门北侧的金刚经变及北壁观无量寿经变中，山水都以水墨画出，虽然也用石绿染出，但颜色并没有遮盖墨线，这种特征在中唐的代表窟榆林窟第 25 窟壁画中，也可以明显地看出。

5-25 敦煌绢画佛传故事　唐

敦煌壁画中的水墨山水画显然是受到长安一带画家影响的产物。从藏经洞出土的唐代绢画中，水墨山水画之例也很多，一幅有公元 836 年题记的药师经变，右上角的峰峦较尖，全有水墨晕染，薄施

5-26 莫高窟第 85 窟 树下弹琴 晚唐

青绿色，显得浑厚凝重。英国博物馆藏品中的另一幅佛传故事画中，山水的表现具有盛唐期的很多特征，如山峰以圆润的线条勾出轮廓，青绿色较重等等。在构图上画面左半部画出耸立的山崖，右侧画出远景，山势的布局与盛唐第 320 窟北壁山水等壁画山水的构图完全一致。但轮廓线表现出转折顿挫的笔意，可以清晰地看出皴法的运用，墨色有浓淡渲染的效果，以及山峰上面的树丛的样式，显示出新的时代特征（图 5-25）。如山崖以浅赭色和青绿色分别晕染，以表现受光面与阴面的对比关系，其中又间以水墨晕染，强化其层次，这与莫高窟第 112 窟的画法一致。类似的山水景物，在敦煌绢画中还可以看到不少。与

敦煌石窟壁画相比，壁画的渗透效果较差，颜色往往涂得很厚，而绢画的颜色相对较淡，往往露出起稿的线条，我们更能清楚地看出水墨的方法。

三、经变画艺术

除了少数洞窟外，经变画不再以一铺经变占满整壁，而是在一壁之内分布着两铺以上的经变，即使是一些小型洞窟也同样。因而出现了一些画面较小，而结构复杂，表现精致的洞窟，如第 112 窟、154 窟等。第 112 窟主室进深与宽度仅 2 米多，却在南壁画金刚经变、观无量寿经变各一铺，北壁画报恩经变、药师经变各一铺。东壁又在门上部画降魔变，门两侧

5-27 莫高窟第 85 窟 屠夫 晚唐

分别画观音经变与大势至变相。而各铺经变都描绘细腻，如南壁观无量寿经变中，殿堂楼阁结构谨严，众多人物或静或动，极尽生动。佛前面的一组乐队，两侧各有三身乐伎专心演奏，中央的舞伎双手举琵琶于头后部，即所谓"反弹琵琶"之姿，右腿提起，仿佛正应音乐的节拍而起舞。这个小小画面中的舞伎也成为敦煌壁画中的一个典型形象。

以净土世界为中心的构图，已成为大部分经变画的基本构成。从第 112 窟、154 窟、159 窟、361 窟等窟的经变画中可以看出唐代后期在表现净土世界方面尽力模仿唐前期的风格，不论是在建筑结构还是在人物造型方面都有样式化的倾向，由于在壁面中并列多铺经变画，在气势恢弘、博大方面不如唐前期，但在细节的表现方面较有特色，如榆林窟第 25 窟的弥勒经变中，有耕种和收获景象，也有婚宴的场景，还有表现老人入墓，家属们含泪送别的景象。第 85 窟中表现善事太子流落到利师跋国，与公主相爱的情景，表现已成为盲人的太子在树下弹琴，旁边坐着公主在专心听琴，充满人间气息（图 5-26）。同窟窟顶的楞伽经变中，还有一幅表现屠夫的画面：一位屠夫正在案前切肉，旁边一个大案上还放着大块的肉。案下卧着一条狗，在右侧还有一条狗抬眼

5-28 第238窟善事太子入海故事 中唐

的两侧以条幅的形式画出十六观、未生怨、九横死、十二大愿等相关内容。在唐代后期，这些故事内容都以屏风画的形式画在净土图的下部。屏风的形式更便于表现人物与景物的关系，很多屏风画表现得富有情趣。如第360窟东壁维摩诘经变下部的屏风画，表现方便品中维摩诘到酒肆教化众生的场面。画面上部表现一些人聚集在一起喝酒，旁边有一人跳舞助兴，下部则有两组人物，分别表现维摩诘与人对谈状。全画面在山水背景中表现，仿佛一幅情趣盎然的山水画。第238窟龛内屏风画表现报恩经变中善事太子被刺瞎双目后躺在地上，牧人赶着几头牛走过，一牛低头把善事太子眼睛内的毒刺舐出，画面背景为蜿蜒的山水，是绘画感很强的青绿山水画（图5-28）。

四、装饰艺术

唐代后期的洞窟在装饰效果上有了较大的改变，一部分覆斗顶窟的正面佛龛改成方形盝顶龛，这是中国传统帐形的模仿。这样一来，佛像也相对塑得较小，而南、北两侧壁的经变少则2铺，多则4铺或更多。在每一铺经变下部又有屏风的形式把经变的相关内容画在其中。于是佛龛呈方形，四壁的经变画为一个个方形，其下部屏风画仍然是方形构成。全窟就统一在这严谨的方形构成之中，具有谨严而精致的效果。另一个类型的覆斗顶窟则是中央设佛坛的形式，通常为大型洞窟，佛坛上的雕塑就成了一窟的中心，佛像也造得形象高大，从窟顶到四壁通常绘制大型经变画。这样的装饰风格一直延续到五代、宋朝，直到西夏和元代才有所改变。装饰色调方面，渐渐改变了唐前期那种绚丽的色彩，洞窟壁画以青绿色为主调，但在细部装饰中仍可看到色彩的丰富，

正望着屠夫切肉，一副馋涎欲滴的样子。后面的房屋内墙上则挂着一排切好的肉（图5-27），真实地表现了市井肉铺的景象。

屏风画是这个时期经变画的一种补充形式，唐前期的观无量寿经变、药师经变等，往往在净土图

总的倾向上淡雅而精致。塑像的色彩也有偏于青绿浅淡的倾向。

唐代后期的藻井以莲花或团花为中心的形式大体延续唐前期的样式，但此时的莲花多为平瓣莲花，好像把花瓣压平的感觉，不像前期的莲花那样富于立体感，而更具有装饰意味了。莲瓣也以不同的色彩相间，增加其装饰性。中唐第201窟、159窟等洞窟出现以茶花纹装饰藻井井心的做法（图5-29）。茶花纹在盛唐已出现，但流行于中唐以后，不同于庄严的莲花与富丽的石榴或宝相花纹，而是稍有些写实性，却又花瓣简略，色彩清淡，代表了唐代后期的风格。

除了把几何纹、方胜纹、联珠纹与传统的卷草纹、团花纹的组合之外，越来越多的图案中把鸟、动物等组合进来，充满生机。如第360窟、第9窟的藻井中心为灵鸟图案，第359、231窟、85窟等窟的藻井中心为狮子图案，第361窟、85窟的边饰图案中把凤鸟与卷草花纹组合在一起。第361窟佛龛顶的棋格图案中，在圆形的莲花中画出衔珠的大雁，而每两个棋格图案中，大雁则是相对画出，也称"对鸟"图案（图5-30）。同样的对鸟图案也见于第158窟佛的枕头花纹。这种图案最初来自西域，从龟兹壁画中也可看到类似的图案。

佛背光或头光，除了传统的莲花、团花、火焰纹等纹样外，出现了一种新的纹样，称为"水波折纹"，是以流畅的曲线组合而成，用不同的颜色相间染出，但往往青绿色较多，因而有水波的感觉。同时出现在背光中的还有一种"折带纹"，仿佛是一根根弯曲的带子，但在绿色背景中以土红线画出，就形成一种奇妙的光的效果。

中唐以后图案的画法有所变化，一般用线描出轮廓之后，为了避免颜色压住线条，有意不把颜色

5-29 莫高窟第201窟藻井 中唐

5-30 莫高窟第361窟龛顶平棋图案

填满，这样往往留出了一丝白色。有的画家把这种画法称为"剔填法"。北朝至唐前期流行的画法，是先由起稿、填色，最后还要画一道提神线的。"剔填法"相对来说节约了时间，线与色都是一次完成。这样对线描的要求更高了，因而，这一时期的图案画得十分活泼、明快。

第六章　五代宋西夏元代石窟艺术

　　天祐三年（906年），张议潮之孙、归义军节度使张承奉自称"白衣天子"，建国号"西汉金山国"。不久，西汉金山国覆灭，后梁乾化四年（914年），曹议金重建归义军政权，争取中原王朝的授封，曹议金及其子元德、元深、元忠先后任节度使。此时的归义军政权辖区缩小为瓜、沙二州六镇。曹氏归义军政权的统治时期为914-1036年，大体处于五代、北宋时期。曹氏面对周围强大的少数民族政权，采取了和亲等灵活的外交政策，使敦煌、瓜州地区保持了一百多年安定局面，一度出现"风调雨顺，岁熟时康，道塞清平，歌谣满路"的升平景象。曹氏家族的统治者，十分崇尚佛教，开凿了一批规模巨大的洞窟，并且还仿照中原朝廷建置了画院、伎术院等，形成了院派特色，聚集了一批能工巧匠，使敦煌成为河西走廊地区的佛教中心。

　　大约在1030年前后，沙州回鹘强大起来，或曾一度控制了归义军政权，史称"沙州回鹘"。此时在敦煌石窟中出现了有回鹘风格的壁画。据正史记载，天圣八年（1030年），瓜州王曹贤顺投降了西夏。西夏大庆元年（北宋景祐三年，1036年），景宗李元昊率兵，取瓜、沙、肃三州，此后西夏遂尽得河西之地。西夏立国近二百年（1036-1227）。西夏党项族仍崇信佛教，在莫高窟、榆林窟营建了一些洞窟。

　　1227年，蒙古成吉思汗灭西夏，同年三月破沙州。至元十七年（1280年）置沙州路总管府，河西走廊完全为蒙古元朝所统治。自元太祖二十二年（1227年）占据沙州至明洪武五年（1372年）冯胜西征，沙州归明。元朝时期在莫高窟和榆林窟分别营建了一些洞窟。

　　敦煌一带归入明朝后不久，明军就在吐鲁番势力的进逼下全部东撤，在肃州以西修筑了嘉峪关。公元1516年，敦煌为吐鲁番占领，嘉靖三年（1524年），明朝关闭了嘉峪关，放弃了敦煌。直到清朝建立后，于雍正三年（1725年），重新设置敦煌县，从关内移民屯田，敦煌经济开始复苏。这样，从明朝初年放弃敦煌到清初收复，有二百年间敦煌处于无人管理状态。因此，学术界一般把敦煌石窟艺术发展的历史截止到元代。

　　实际上，清代也曾对敦煌石窟进行过重修重绘，特别是1900年以后，王道士利用藏经洞出土的文物进行非法交易，获得不少银两，就对莫高窟进行了很多修复，一方面是对洞窟中大量残损的彩塑进行修补或重新妆銮；另一方面，当时由于莫高窟高层洞窟栈道毁坏，王道士就打通了上层洞窟之间的隔墙，使每个洞窟相通，这样一来无疑破坏了大量壁画。民国年间也不断有一些修复工作，其中规模最大的就是对莫高窟第96窟大佛殿进行过重建，由五层改成了九层楼的面貌。清代的重修，虽然也新补塑了不少佛像，并使不少洞窟的塑像和壁画改变了模样，但是此时的佛教发展已完全不像北朝到唐宋时代那样成为地方文化的主流，而敦煌一地清朝到民国期间在文化方面已属十分落后的地区，在佛教塑像与壁画方面也很难找到具有一定水准的专业匠师，因而从清朝到民国时期重修的壁画与塑像都缺乏艺术水准。从艺术发展史的角度来看，这些超低水准的绘、塑是很难作为时代艺术的代表来看待的。因此，本书对敦煌石窟艺术发展史的叙述也就到元代为止。

6-1 莫高窟第61窟内景 五代

第一节 曹氏归义军时期的石窟艺术

在曹氏归义军时期，莫高窟开凿了 41 个洞窟，其中有明确造窟纪年题记或根据题记能推测出确切年代的有第 98、100、256、25、61、469、53、5、55、454、449 等窟和天王堂，另外还重修了 248 个前代的洞窟。这一时期在榆林窟则是重要的营建阶段，此期新开洞窟有 11 个，重修前代洞窟 15 个。新建和重修洞窟占榆林窟的一半左右。曹氏归义军几代统治者都对佛教十分热心，花了很大的精力进行开窟造

像活动，画院和伎术院这样的机构主要就是为石窟营建而设立的。从壁画的题记和五代时期的敦煌文献资料看来，曹氏画院和伎术院中有"都勾当画院使""知画手""塑匠都料""知画行都画匠作"等名称，就是负责绘画与雕塑的人员。这一批专业的造窟人员，是曹氏时代营建洞窟的主要力量。但由于这一时期与中原王朝的交流极少，中原新的艺术风格不容易传到敦煌，在四周强大少数民族包围之中的敦煌仿佛一个文化孤岛，石窟艺术的发展就很局限，绘画风格单一，形式化的情况很普遍。而且在财力

6-2 莫高窟第 431 窟窟檐 宋

物力远不如唐代的情况下还不断营建大型洞窟，壁画中免不了粗疏、单调的特点。但在一些重要洞窟中，仍然可见一些较高水平而且充满创造力的壁画。

一、曹氏归义军时期的洞窟形制与塑像

曹氏归义军时期的洞窟形制大多沿袭晚唐的中心佛坛覆斗顶殿堂窟形制，此时莫高窟的大型洞窟，多为曹氏家族营建的家窟。如第 98 窟、100 窟、61 窟（图 6-1）、55 窟等，洞窟规模超过了前代，均为覆斗顶窟，中心设佛坛。在窟顶的四角还各开了一个浅龛，分别在其中绘制天王的形象，合起来为四大天王。榆林窟却没有这么大的洞窟规模，大体为中型洞窟，主室五六米见方。榆林窟的洞窟也为覆斗顶形，有的沿正壁与两侧壁设佛坛，形成马蹄形（如第 12 窟）。有不少是在中央设佛坛，但却没有背屏（如第 32、33 窟等）。在一些洞窟的正壁中央画出佛背光图案，正与佛坛上的佛像相配合（如第 14、15 窟）。

曹氏归义军时期，莫高窟的崖壁基本上开满了洞窟，曹氏家族开的大型洞窟都在下层，而且，在开凿新窟时，往往破坏了不少旧的洞窟，如第 61 窟甬道前部仍可看到对隋代第 62 窟、63 窟的破坏。曹氏家族又大量修复前代的洞窟，以此作为功德。通常是对前室或甬道进行修复，在修过的甬道两壁，通常要画出新的供养人像。因此，有不少北朝至隋唐时代的洞窟，其甬道往往出现五代、北宋的供养人像。前室的修复必然要重修窟门和窟檐。莫高窟现存五座窟檐中，有四座都是曹氏归义军时期所修，分别为第 427 窟、437 窟、444 窟、431 窟的窟檐。第 427 窟保存有乾德八年（970 年）题记，此为曹元忠时代，宋代的乾德年号只有六年，此年已是开宝三年，但敦煌一地偏远，不知中原消息，仍用乾德年号。这座窟檐面阔三间，柱作八角形，斗拱为六铺作，向外挑出三层华拱，屋檐平直，屋角不起翘，有唐代遗风。第 437 窟的窟檐题记已失，但窟内供养人题

6-3 莫高窟第 55 窟佛像　宋

名中有曹元忠字样，可以断定也是曹元忠时代所建。第 444 窟窟檐有开宝九年（976 年）题记，为曹延恭主政之时。第 431 窟有太平兴国五年（980 年）题记（图 6-2），为曹延禄主政时期。以上四个窟檐建筑结构、样式大体一致，是珍贵的宋代木结构建筑遗迹，具有重要的建筑史价值。

曹氏归义军时期的洞窟中，目前所存的彩塑寥寥无几。或许是由于这一时期的洞窟均开凿于下层，容易进入，因而易遭破坏。在曹氏前期几乎没有彩塑保存下来。第 261 窟佛坛上存一佛四菩萨、二天王，可作为五代彩塑的一个代表，总的来说是在模仿唐风，但天王的神态及衣饰的简化表现，仍体现着艺术家的创新。榆林窟第 31 窟佛坛上存有一身菩萨像，头部已残，从身体部分的塑造仍体现着唐以来

菩萨造像的特征。第 55 窟建于曹氏归义军晚期，时代已进入宋朝，此窟为大型洞窟，在中央佛坛上塑大型佛像，现存正面有一坐佛一弟子一天王；南侧为一坐佛二胁侍菩萨一天王；北侧为一坐佛一胁侍菩萨。从彩塑佛像的组合来看，当初这三组佛像正面为一佛二弟子，两侧的二铺佛像均为一佛二菩萨，在佛坛的四角塑四天王形象。与前代不同的是在佛坐的两侧塑出小型天王或力士形象，仿佛在用力护持佛座，给这庄严的气氛中增加了一点诙谐。三佛塑像为弥勒三会的主题。佛像均倚坐于方形佛床，身体比例合度，衣纹贴体，神情庄严。弟子与菩萨身体直立而修长，衣纹简约而贴体。这组塑像是敦煌石窟中很难得的宋代彩塑精品（图 6-3），体量较大

6-4 榆林窟第 13 窟 普贤变 宋

而制作精美，人物气宇轩昂，神情优雅。这些特征与宋代麦积山石窟等内地佛教雕刻有很多相通之处，表明曹氏归义军时期与内地的文化交流并未断绝，新的艺术风格依然在莫高窟出现。

二、曹氏归义军时期的壁画艺术

1.尊像画

佛像的表现，多以四方佛、十方佛等形式，佛与菩萨、天人等组合在画面中。在一些大型洞窟中，如莫高窟第61窟、98窟等，于窟顶四披上部画十方佛，下部画出千佛。相比之下，菩萨和天王的表现更为丰富。如文殊变和普贤变是唐代以来较多出现的题材，此时也有较为别致的表现，在榆林窟第19窟的窟门两侧，画面中增加了不少山水背景，其中文殊菩萨的背景为五台山图，许多具体场景与莫高窟第61窟的五台山图一致。榆林窟第32窟的文殊变和普贤变同样画出较复杂的山水背景，文殊菩萨的背景为五台山，普贤菩萨的背景中则有毗沙门天王与舍利弗决海和于阗牛头山的场面。通常文殊菩萨乘坐的狮子和普贤菩萨所乘的白象都是侧面表现，而在榆林窟第6窟、13窟、15窟等窟中，狮子和白象均为正面形象，反映了当时画家的创意（图6-4）。

6-5 莫高窟第98窟窟顶东方天王 五代

这时，一些大型洞窟的窟顶四角做出浅龛，在其中画四大天王的形象，具有护法镇窟的意义。如第 61 窟、98 窟、100 窟等，都是当时的大型洞窟，其中绘制的天王大都为坐姿，身著甲胄，手执剑、弓箭或杵等法器，表情庄严或愤怒，气势凛然（图 6-5）。头冠和铠甲往往以沥粉堆金的办法表现，以增加其真实感。龙王礼佛图也是新出现的题材，多画在前室西壁门两侧，如莫高窟第 36 窟、榆林窟第 38 窟等。龙王上半身为人形，下半身为蛇形。其背景则为大海，海边又有岩石和树木。不论是人物还是山水，其用笔劲健有力，山岩轮廓显示出新的皴擦及水墨晕染的痕迹，体现出时代风格（图 6-6）。

6-6 莫高窟第 36 窟
龙王礼佛图 五代

2. 经变画

曹氏归义军时期，壁画在内容上仍以经变画为主要题材，唐代以来流行的各类经变画，大部分都继续描绘，经变有 19 种之多，表现手法基本承袭了晚唐风范，但描绘的具体内容有所增加，当时流行的俗讲、变文的内容也大量进入了经变画中。部分特殊的经变画，位置也基本上固定，如维摩诘经变画在东壁门两侧，劳度叉斗圣变绘于西壁。南北两壁往往排列 3 至 5 铺经变画。以净土世界为中心的经变，也都有固定的模式，如观无量寿经变、药师经变，均以宫殿楼阁为中心。弥勒经变、法华经变大体以山水为背景。华严经变则在说法会的前面画出由莲花构成的华藏世界。楞伽经变、金刚经变都有特别形式的山

峦为背景。唐代后期，经变画往往在上部画净土世界，下部以屏风画的形式表现经变中的具体故事情节。这一形式在部分洞窟中仍然继承着，但一些洞窟四壁下部的屏风画往往专门表现某种主题而与上部的经变画无关，或下部的画面用以描绘供养人行列，因此，经变画就在中心部分画净土世界，而在四周分别表现故事情节。

这一时期有一些新出现的经变画其表现手法也较特别，梵网经变（榆林窟第33窟）主题是讲佛教戒律的，目连变（榆林窟第19窟）、地狱变（榆林窟第33窟）、地藏十王经变（莫高窟第384窟、202窟等）都是表现佛教所说地狱景象及相关故事的。此外，表现佛传故事也有新的形式，如佛本行集经变、八塔变等。莫高窟第61窟以屏风画的形式画出佛本行集经变，在洞窟南壁西侧、西壁、北壁西侧下部以33幅屏风相连，画出佛传故事中一百三十多个情节，创下了敦煌壁画中佛传故事之最。其中很多场面生活气息很浓厚，如表现众集望王时代农民在田里耕种，以及城内国王在分配收获的粮食。表现太子比武的画面中，详细描绘了射坛、射铁猪、射飞鸟等项目以及马术、剑术等多种技艺的比赛。表现太子宫中生活，描绘了宫廷中的宫女、伎乐、侍从等多种人物，细腻生动而真实。同样的佛本行集经变在榆林窟第36窟也有表现，只是毁坏较多，南北壁仅存12幅。八塔变通过八座佛塔表现释迦牟尼一生中的八个重要事件，第76窟的八塔变包括：（1）释迦降生塔、（2）降魔成道塔、（3）初转法轮塔、（4）王舍城声闻处、（5）舍卫国祇陀园大神通塔、（6）忉利天下降塔、（7）猕猴奉蜜塔、（8）双树林涅槃塔。但由于下部壁画损毁，仅存上部第一、三、五、七

的四塔。第76窟的八塔变采用八塔并列的表现方式，在东壁门两侧一侧画四塔，每个画面都在中央画出佛塔，周围画出相关情节，如第七塔表现猕猴奉蜜的故事，中央为佛坐于塔中，两侧有菩萨侍立，一猕猴向佛奉献蜂蜜。画面右下侧画出猕猴因佛接受蜂蜜而欢喜，不料失足掉井中。右上侧画猕猴得升天界，化为飞天在空中散花（图6-7）。

3. 佛教史迹画

这一时期佛教史迹画有了新的发展，最令人瞩目的就是在第61窟出现了通壁巨制五台山图，可以说是这个时代最具创意的作品。此图高3米多，长度超过13米，主要描绘五台山的地理形势及其间的重要寺院。从地理的角度看，是一幅立体的地图；从佛教史的角度看，可算是佛教史迹画；从山水画的角度看，又是一幅巨幅山水人物图（图6-8）。五台山传说为文殊菩萨的道场，自北魏以来成为佛教胜境，唐代以后佛事更盛，龙朔年间（661-663）沙门会颐创制《五台山图》，并在中原流传开来，吐蕃曾遣使向唐朝求五台山图，而日本僧人圆仁从中国返回日本时，也曾带回五台山图。所以在唐代以来五台山图就已广泛流传。莫高窟在中唐时期第159窟等窟已出现了五台山图，但仅为小型屏风画。第61窟的营建本是为了供奉文殊菩萨的，原来佛坛上主尊为骑狮的文殊菩萨，今已不存，仅在背屏上留下一段狮尾。西壁的五台山图就是配合文殊菩萨信仰而绘制。此图以中台为中心，北侧画东台与北台，南侧画南台与西台，山中分布着大大小小的寺院、兰若、草庵等一百多座。其中的寺院、名胜均与唐代文献所记相符，如相关文献所记的十大寺院，都可以从图中找到。在画面下部南侧画出太原通往五台山的道路，中部则画出五台县城，北侧则画出由河北道

6-7 莫高窟第76窟八塔变（部分） 宋

6-8 莫高窟第 61 窟五台山图（局部）五代

镇州（今河北省正定县）通往五台山的道路。唐代虽然已有一些屏风画表现五台山图，但都是仅画出一座或几座山峰，象征五台山。而第 61 窟的五台山图则是五台山的全景图，并在其中画出大量重要的寺院、文殊化现相关的传说以及通向五台山的道路。虽然五台山图画稿来源于中原地区，但针对 61 窟西壁这样大的壁面来设计五台山图，显然不可能有内地提供的完整画样，应该是敦煌的画家参考了内地传来画样重新设计的壁画，反映了这一时代敦煌画家的艺术创造力。

此外，也有集中在一个大画面中表现佛教史迹画的形式，著名的有莫高窟第 72 窟南壁通壁绘制刘

萨诃因缘故事。榆林窟第 33 窟南壁的佛教史迹画以于阗牛头山佛寺为中心，左右两侧绘制了刘萨诃瑞像、优填王造檀木瑞像、尼波罗水火池、毗沙门天王决海、施宝瑞像、双头瑞像、一手遮天、纯陀故井等等的故事，画面下部还并列画出十几身瑞像图。这些内容，几乎囊括了唐、五代以来敦煌石窟中出现的主要瑞像故事。

4. 供养人画像

曹氏时期的洞窟大都是曹家直接出资营造或当时的官府要员所建，因此，洞窟中的供养人像就具有重要意义。从曹议金到曹元德、曹元忠等曹氏几代节度使及家眷都在敦煌石窟中留下了供养人像和

相关题记，为研究这一时期的敦煌历史提供了珍贵的资料，莫高窟
第98窟、100窟、61窟（图6-9）、55窟以及榆林窟第16窟、19窟
等窟的曹氏供养人像都可看出当时的人物画特色。第98窟的供养人
反映出当政者错综复杂的政治外交关
系。在甬道南壁画出的是曹议金及曹
氏家族人物，北壁则画出张议潮、索勋
的形象，这是在曹氏掌权之前的归义
军节度使，表明曹氏政权的传承性和
合法性。而在窟内东壁南侧画出阗
国王李圣天的供养像（图6-10），东壁
门北侧画出回鹘夫人供养像。于阗国
王后面跟随的王后，为曹议金之女曹
氏。从壁画中即可看出曹家的姻亲关
系，回鹘夫人是当时的回鹘可汗之女，
嫁与曹议金为夫人。曹氏又嫁女与于
阗国王，这样从壁画中就反映出曹氏
的外交关系。而这些供养人像也反映
了曹氏时代肖像画艺术的水平。人物
神情庄严，衣饰华丽，服饰上的花纹
也经仔细刻画，表现不同的层次，于
阗国王头戴的冕旒、王后的凤冠等以
沥粉堆金的手法，画出具有立体感的
装饰物。这一时期的供养人画像往往
是一窟之中表现最为精致的画面，也
代表了当时的人物画最高水平。

6-9莫高窟第61窟
回鹘夫人供养像 五代

　　第100窟的南北壁分别画出曹议
金与回鹘公主出行图。榆林窟第12窟
也画出了慕容归盈夫妇出行图。两图
均模仿晚唐张议潮出行图的形式，但在绘制技法水平方面稍逊一筹。
敦煌壁画中共出现了这三组出行图，分别反映了当时节度使和地方
官员的仪仗及人物服饰、社会生活风貌等，具有重要的历史价值。

5. 装饰艺术

曹氏归义军时期开窟不少，而且有相当数量的大型洞窟，在装饰上也比较讲究。大型洞窟多为中心佛坛窟，佛坛上有背屏直达窟顶。窟内空间较为开阔，窟顶四披往往绘千佛和十方诸佛，而在窟顶四角有凹进的浅龛，在其中绘天王。四大天王守在四角，显然有镇窟的意味。四壁上部绘经变，下部主要以屏风画形式表现有故事的主题。在甬道两壁绘主要供养人像，而把众多眷属的供养像画在窟顶的东壁和南北壁东侧。窟内总的倾向是以石绿色为主调，在佛像或供养人像的重要部分饰以贴金，色彩淡雅而不乏华丽。

窟顶的藻井图案流行团龙与团花纹样。有的仅在团花中绘一条龙（如第100窟），也有的绘双龙（如第55窟），有的则在有龙的团花纹之外，绘出鹦鹉与之相配合（如第61窟、98窟等）。第130窟、235窟等窟藻井为五龙图案，中央在团花中画出一龙，四周又有四条龙。第16窟藻井为龙凤图案，中央团花中画一凤，四周有四条龙环绕，中央的团花以石绿为底色，团花外则以粉红为底色，龙、凤均以沥粉堆金的形式表现（图6-11）。沥粉堆金是这一时期运用较广的方法，在壁上先以黏土做出浅浮塑的形象，在上面描金，既有一定的立体感，又有贴金的效果。除了在藻井图案中运用

6-10 莫高窟第 98 窟
于阗国王供养像 五代

外，还往往在供养人像的头冠、首饰等部位用沥粉堆金来表现，显得十分富丽堂皇。

边饰纹样以团花纹、卷草纹、回纹、菱格纹较多。团花纹在唐代就很流行，此时的壁画中，团花纹往往吸收了茶花纹、莲花纹等纹样的特点，形成很多变化，层次极为丰富。还有的洞窟出现狮凤纹样的装饰，把狮子与凤凰组合在图案中，显得富有动感和活力（图6-12）。

总之，五代、北宋时期，在曹氏家族的苦心经营下，莫高窟、榆林窟的艺术在唐朝的基础上得到进一步发展，虽然政治形势不好，与中原联系不易，但仍然可以看到一些来自中原的新画风。曹氏画院的设立，也使这一时期石窟艺术保持着一定的水平，并创造出一批富有时代精神的作品。

6-11 莫高窟第16窟藻井 宋

6-12 莫高窟第61窟
藻井中的狮凤纹 五代

第二节　西夏时期的石窟艺术

一、回鹘风格的艺术

　　从归义军曹氏政权晚期到西夏占领敦煌的初期，在敦煌的回鹘势力比较强大。关于回鹘的问题在学术界仍然有不少争议，尤其是回鹘是否曾经在敦煌作为一个政权存在过一段时间，似乎还没有强有力的证据。不过，在敦煌石窟中确实可以看到一些明显回鹘风格的壁画。因此，石窟中回鹘风格艺术的存在是没有疑问的。据有关专家研究，莫高窟第330窟为回鹘新开洞窟，其余有15个洞窟中存在回鹘重修的壁画。榆林窟则有2个洞窟可见回鹘风格壁画，西千佛洞则有5个洞窟有回鹘壁画。

　　大部分回鹘壁画是对前代洞窟进行重绘的。有的仅在甬道或部分壁画进行重绘，有少数洞窟则是全窟进行改绘。莫高窟第409窟出现了回鹘王与王后的供养像（图6-13）。其画风也与吐鲁番地区回鹘壁画一致，说明高昌回鹘风格对敦煌石窟艺术的影响。第97窟南、北、东壁画十六罗汉图，在龛内两侧画出童子飞天，童子髡发的打扮，表现出少数民族装束（图6-14）。榆林窟第39窟本是唐代所开凿的洞窟，但壁画完全被回鹘重绘，甬道有大量的回鹘人供养像，主室东壁门两侧绘佛传中"儒童布发"的内容，洞窟中南、西、北壁画出大型的罗汉像。

6-13 莫高窟第409窟
回鹘王供养像

6-14 莫高窟第97窟 飞天 回鹘

6-15 榆林窟第3窟内景　西夏

回鹘壁画在题材上新出现了十六罗汉图、行脚僧图、儒童布发故事和回鹘族男女供养人画像等,这些题材在此前壁画中极为少见,而多见于吐鲁番地区回鹘风格洞窟。这显然是随着回鹘势力在敦煌的发展而传入的。装饰纹样中的编织纹、波状云头纹卷草边饰等,也可看出吐鲁番高昌回鹘艺术的影响。

二、西夏石窟的形制与彩塑

西夏统治敦煌近200年,在敦煌莫高窟与榆林窟都有营建。莫高窟推测为西夏重修的洞窟有60个,新开凿的洞窟1个。在榆林窟能确认的西夏洞窟有第2窟、3窟、10窟、29窟,基本上都是密教内容为主

的洞窟。榆林窟第29窟有大量的西夏文题记,据最新研究确定此窟营建年代为1193年,此窟的壁画是来自甘州(今甘肃省张掖市)的画师高崇德率领弟子们所绘[1]。第29窟为覆斗顶窟,中心设圆形佛坛,共五层向上递减,构成一个塔形。佛坛上原有塑像已失,此窟被称为"秘密堂",为典型的密教洞窟。榆林窟第3窟平面为长方形,窟顶为浅穹窿形,除了在中央设八角形佛坛外,还在洞窟正壁贴壁设佛坛,坛上造像大多为清代重塑(图6-15),榆林窟第2窟为小型覆斗顶窟,中央设方形佛坛。

---

1 见刘玉权《榆林窟第29窟考察与研究》,敦煌研究院编《榆林窟研究论文集》(上),上海辞书出版社,2011年9月。

榆林窟西夏洞窟中现存的塑像均为清代重修，难以看出西夏的风格，莫高窟的西夏彩塑，可以确认的只有第263窟龛内一铺七身、265窟龛内一铺五身像等少量遗存。从这些塑像来看，身体比例匀称，体型稍为瘦长，面形较圆，衣饰保持唐代风格。

三、西夏壁画的内容与特色

西夏时期的壁画主要有尊像画、经变画、密教曼荼罗、供养人画像和装饰图案画等。

1. 尊像画

除了传统的说法图形式外，此时较引人注目的是水月观音像。在榆林窟第29窟、第2窟都有独特的表现，尤其是第2窟窟门两侧各有一铺水月观音像，门南侧的水月观音图，在透明的巨大光环中，衬托出悠然自在坐于岩石上的观音菩萨。观音的身后有竹林与山石为背景，天空祥云缥缈，灵鸟飞行，画面左下侧有龙女合十礼拜观音。门北侧的观音背靠岩石而坐，似乎正在仰望画面右上部的一弯新月（图6-16）。下部碧海茫茫，海面上一善财童子乘云而来，合掌礼拜。画面右下部的海岸边，一位汉族僧人，身披袈裟，虔诚地遥礼观音。僧人身后还有一位猴脸的男子牵马侍立，表现的是唐僧与孙悟空的形象。这两铺水月观音图，均在方形画面中以对角线构图，下部表现观音、龙女、善财童子、岩石、大海、修竹等，上部则表现天空。

6-16 榆林窟第2窟 水月观音 西夏

通过大量留白，形成虚实对比，正是南宋山水画的流行风格。在色调上，两幅壁画都以青绿色调为主。又在观音的面部身体等部位以贴金，对比天空部分的彩云，更显得金碧辉煌。现在贴金部分已经氧化变黑，但仍可以感受到清新淡雅、宁静悠远的意境。

千手千眼观音，在榆林窟第3窟东壁画有两铺，北侧为十一面千手千眼观音，南侧为五十一面千手千眼观音。南侧的五十一面千手千眼观音，累头十层，五十一面形成宝塔状。表现无数只手从身体上长出，而相当多的手中都有持物，画面中观音手持物达166种，包括人物、动物、植物、乐器、兵器、法器、法物、宝物、建筑、宝池花树、交通工具、生产工具、

6-17 榆林窟第 3 窟 山水 西夏

生产活动场面等。生产工具有：犁、锄、耙、镰、锯、斧、斗、矩、熨斗、船只、耕牛等。生产活动有春米、打铁、酿酒、耕作、挑担等形象。其中如"冶铁手"、"酿酒手"、"牛耕手"等真实地反映了西夏社会的生产生活场景，有很高的历史价值。

榆林窟第3窟的文殊菩萨和普贤菩萨赴会图，表现文殊和普贤率众多的天人眷属行进于云层中，下面是大海，背景是山峰峭壁，画面规模宏伟，气势非凡。特别是其中水墨山水画占了三分之一以上画面，山势雄奇、水波浩渺、树木掩映、云横雾绕。在山水总的构图方面可看出范宽一派雄奇壮阔的风格，在表现近景的树石中又反映出南宋小景山水的一些特色，说明两宋绘画对西夏的影响。传世的古代水墨山水画多为纸本，像这样大幅水墨山水壁画可以说是世所罕见（图6-17）。

2. 经变画

此时的经变画均以殿堂楼阁为背景，在西夏前期的壁画中，建筑画表现得较为形式化，画家似乎要从近景的角度展示殿堂建筑，但在表现手法上则是单一化处理，如莫高窟第400窟北壁的药师经变，中央大殿基本上作仰角处理，对大殿前面的平台和旁边的回廊则作了简化。人物也同样作简化处理，除了主要佛像与菩萨外，其余的菩萨像均画成同样大小，平列在平台上。因而虽是经变画，却有一种图案化的倾向。

西夏后期出现了一些新的样式，以榆林窟第29

窟、第 3 窟、第 2 窟为代表。如榆林窟第 29 窟画出药师经变与西方
净土变，两铺经变的构图大体相同，如东壁北侧的药师经变中央为药
师佛坐在佛座上，两侧分别为日光菩萨和月光菩萨及天众，前面可
见栏杆，表明是建筑的近景。

在殿堂之前有平台，上面有不少菩萨天人在听法，平台前有莲池，这是净土世界的象征。画面中对建筑的表现没有画屋顶，没有鸟瞰式的殿堂全景，而只画建筑的一部分，注重近景表现，画面更加具体而写实了。对建筑作近景表现，实际上是宋代以后中国绘画的一个倾向，在西夏壁画中出现这样的倾向，应是内地新画风影响所至。

榆林窟第 3 窟南北两壁分别画出观无量寿经变和西方净土变，均为以建筑为中心的经变画，如北壁的观无量寿经变中，后部画出重檐歇山顶大殿，大殿两侧分别有回廊相连，院中为水池，在水池两侧分别建亭阁。画面下部画出中央与院门两侧有回廊相连。建筑的结构十分

6-18 榆林窟第 3 窟
观无量寿经变　西夏

清晰，包括墙面和地面装饰的砖以及栏杆等建筑部件都画得十分细
致（图 6-18）。佛、菩萨等形像安置于建筑之中，虽然强调一种真实
感，但由于建筑十分宏大，佛像相对较少，缺乏唐代经变画那种宏大
的气魄，但作为建筑界画，则是敦煌晚期壁画中难得的精品。文殊山

万佛洞石窟中也有西夏画经变，其中的建筑画与榆林窟第3窟相似，反映了西夏艺术深受两宋中原画风的影响。

3. 曼荼罗

西夏时期受到藏传佛教的影响浓厚，曼荼罗成为壁画中的重要题材。如榆林窟第29窟东西两壁各有一铺金刚界曼荼罗，榆林窟第3窟南北两壁分别绘尊胜佛母曼荼罗和金刚界曼荼罗。而且在窟顶还画出五方佛曼荼罗。曼荼罗本为坛城之意，如金刚界曼荼罗，通常中央部分表现为方形，中央和四方各有一佛，表示金刚界五佛，方形外有圆形，圆形外又有方形相叠套，在方与圆形之间，根据经典仪轨绘出相关的佛或菩萨、金刚等形象。用色对比较强烈，以蓝、绿、红、白等色相间，造成神秘感。人物形象具有印度波罗艺术风格的特点，其身姿、动态具有舞蹈感（图6-19）。

4. 供养人画像

西夏时代的供养人数量并不算多，但因为保存了西夏党项族人物的真实面貌而具有重要意义。榆林窟第29窟较集中地出现了一批西夏供养人像，在此窟西壁门两侧画出了二十多身西夏供养人像，还有一位名叫西毕智海的党项族高僧。从这些西夏供养人像上，我们可以了解到西夏时代官员的形象及其服饰特点，同时还可看到画家对人物形象的精彩表现（图6-20）。此外，在榆林窟第2窟，莫高窟第61窟甬道、第148窟东壁等壁画中也可看到西夏供养人的形象。

5. 装饰图案画

西夏时期的装饰图案画也丰富多彩。曹氏归义军时代以来流行的龙图案在西夏较多见，如榆林窟

6-19 榆林窟第3窟金刚界曼荼罗中供养菩萨 西夏

6-20 榆林窟第29窟 西夏人供养像

6-21 榆林窟第10窟 藻井图案 西夏

第2窟的藻井中央就是一个团龙图案。榆林窟第3窟藻井以五方佛曼荼罗为中心，圆形的坛城周围衬以方形的图案，圆环套联纹、工字纹与华丽的卷草纹相配合，外层的卷草纹中还把动物禽鸟（如孔雀、飞马、大象等）组合在其中。榆林窟第10窟的藻井是装饰图案最集中的一窟，藻井中心为九佛组成了八叶莲台曼荼罗，在藻井四披由卷草纹、回纹、交叠龟背纹、圆环套联纹等等组成的层层图案，无比丰富。特别是回纹图案中包含着"天"字、"国"字的图案，卷草纹中有飞禽神兽的形象，意味无穷（图6-21）。

6-22 莫高窟第465窟 主室内景 元

第三节 元代的石窟艺术

元代时期，中断的"丝绸之路"复通，西藏也正式归于中央政权。西宁王速来蛮和其妃屈术等又在敦煌修建皇庆寺，弘扬佛教。这一时期的艺术可看到中原新型的绘画风格以及藏传佛教的艺术风格。元代的莫高窟新开洞窟8个，重修洞窟19个。榆林窟元代洞窟1个，重绘壁画有不少。

一、元代洞窟的形制

元代窟型主要为覆斗顶形窟，现存的元代洞窟如第465窟，分为前室、中室、后室，后室为主室，中央有四级圆形佛坛（图6-22）。坛上的塑像均已不存，壁画均为藏传佛教的曼荼罗。榆林窟第4窟仅存主室（不知是否曾有前室），也是方形覆斗顶窟，但在中央设方形佛坛，坛上有9身佛像均为清代重修。莫高窟第3窟是一个小型覆斗顶窟，在正壁开方形龛。元代洞窟中现存的塑像都是清代重修的，很难找到属于元朝的彩塑。

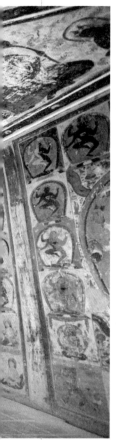

6-23 莫高窟第 3 窟北壁 千手千眼观音像 元

二、元代的壁画艺术

元代壁画明显地分为两个类型：一个类型是汉风绘画，以第 3 窟、第 95 窟等为代表；一类是藏密绘画，以莫高窟第 465 窟、榆林窟第 4 窟为代表。

1. 尊像画与经变画

早期的壁画中，尊像画较多以单独的佛像、菩萨、天王等形象出现，或以说法图的形式组成在一起。而唐代以后，以部分菩萨像为首，配合较多的侍从菩萨、天人等形象形成人物众多，甚至还有较大背景空间的画面，以文殊菩萨、普贤菩萨较为典型，

因而也有人把这一类形象归入经变画范畴，称为文殊变和普贤变。密教题材流行以后，原来只是单独出现的千手千眼观音、如意轮观音等形象，也往往在周围绘出侍从，以及相关的故事等，形成了经变形式。这样就很难分别尊像画与经变了。

莫高窟第 3 窟是一个小型洞窟，除了南北壁全壁绘制千手千眼观音经变外，还在东壁门两侧、西壁龛两侧及龛内屏风画中画出观音菩萨像，可算是一个"观音洞"了。千手千眼观音虽属密教造像，但此窟并未采用藏密的画法，而是传自中原的绘画形式。

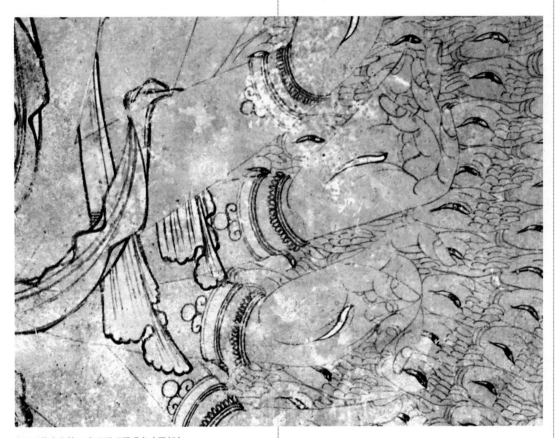

6-24 莫高窟第 3 窟千手千眼观音（局部）

以线描造型，用色简淡。在线描方面体现出画家高超的技法，从人物躯体到衣纹装饰，分别可以看出铁线描、折芦描、游丝描、丁头鼠尾描等画法（图 6-23、6-24）。观音及旁边的婆薮仙、吉祥天女等形象写实而富有生活气息。在龛内的屏风画中的观音菩萨，则有白衣观音的特点，其脸型略长，两腮下坠，注重眼目的刻画。而对眉目、嘴唇、肌肤以及衣服等不同位置的线描，都十分和谐得体。莫高窟第 3 窟的人物画艺术不仅在敦煌壁画中，也是元代绘画史上人物画的杰作（图 6-25）。可与画史上所载李公麟一派人物画相印证，李公麟的人物画被称为"宋画第一"，他

学习吴道子，又在线描技法上有很多创新。莫高窟第 3 窟人物的描法丰富，以墨线为主，色彩简淡，正反映了传自中原的李公麟人物画风的影响。

第 95 窟画出十六罗汉像（现存 11 身）。这一题材在回鹘时期的第 97 窟、榆林窟第 39 窟均有表现。但第 95 窟的罗汉像把写实与夸张结合起来，表现出既有普通僧人性格又有神性的罗汉形象。人物神态及衣纹、背景等画法具有宋元以来中原绘画风格。体现着元代的新画风（图 6-26）。

6-25 莫高窟第 3 窟龛内 观音像 元

6-26 莫高窟第 95 窟 长眉罗汉像 元

2. 密教曼荼罗

元代莫高窟第 465 窟、榆林窟第 4 窟壁画均为密教主题，但榆林窟第 4 窟的画法与西夏时代的榆林窟第 2 窟、3 窟多有继承。而莫高窟第 465 窟呈现出独特的画法，与西藏传来的绘画风格有关。全窟壁画均为密教主题，窟顶藻井中央为大日如来，四披分别为东西南北四方佛，四壁的壁画有上乐金刚、

喜金刚、大幻金刚、大威德金刚等曼荼罗以及八十四尊者像等[2]，是一个设计十分缜密，画风统一，绘制精美的密教洞窟。藏传佛教的艺术在西夏和元代曾不断向中原地区流传，从佛教思想体系到佛教绘画的艺术手法都对内地的艺术产生了深远的影响。而敦煌一地比起中原地区又与藏区接近，更容易受到影响。莫高窟第 465 窟壁画中人物比例准确，线描劲健，色彩对比强烈而富有神秘感（图 6-27），与此前历代的艺术都不相同，体现出藏传艺术体系的深刻影响。

3. 供养人画像

元代虽然新开的洞窟不多，但对不少前代的洞窟作了修复，因而留下了不少供养人的形象，这一时期的供养人均着蒙古服饰，特征很明显。如莫高窟第 332 窟甬道南北壁，分别画男女供养人像，男供养人头戴卷檐笠帽，身穿窄袖衫，外套半臂，肩上饰比肩，脚穿毡靴，为蒙古骑士打扮。女供养人头戴顾姑冠，身穿大袖长袍，是蒙古族贵族的标志。榆林窟第 6 窟上部明窗也有几组元代供养人像。其中上部的供养人为坐姿，下部有站立形象。坐者均为男女供养人共坐于床榻

---

2 莫高窟第 465 窟牵涉藏传佛教诸多内容，包括洞窟的时代、壁画的定名等方面学术界都存在很多不同的看法。本书依据《敦煌石窟内容总录》，把此窟按元代洞窟来看待。

6-27 大幻金刚 莫高窟第 465 窟南壁 元

6-28 榆林窟第 6 窟 蒙古供养人像 元

之上，显然是夫妇的形象，男者戴宝冠，女人戴顾姑冠。床榻后面还有二侍者（图 6-28）。为我们认识元代蒙古族人物提供了重要资料。

4. 装饰艺术

元代的洞窟有两个类型的装饰风格，一是莫高窟第 3 窟以观音图像为主，绘画风格基本上是白描淡彩，窟顶四披绘圆环套联纹，色彩以浅赭为主，四壁的壁画色彩也较淡，仅有少量的赭红、石绿和黄色，形成一种淡雅风格。另一种是以莫高窟第 465 窟为代表的藏密风格，以强烈的蓝色、绿色与红、白、黑色相配合，构成一种偏冷色调的神秘风格。窟顶藻井的边饰有缠枝牡丹图案和卷云形的方胜纹，都是此前壁画中未见的新纹样。

三、小结

五代以后，是敦煌艺术发展的最后阶段。虽然曹氏归义军时期与中原的交流较少，缺少外来的影响使敦煌艺术走向样式化的道路，但由于曹氏政权把开凿石窟作为一件大事来抓，并设立画院，培养了一批批从事开凿、绘画的工匠，使这一时期的石窟艺术能保持一定的水准，并出现了一些创新的成果。如一些大型洞窟和木结构窟檐的营建，壁画中第 61 窟的五台山图以及第 98 窟、第 61 窟等窟的大型供养人画像等等都是中国绘画史上的重要作品。西夏对西北方的统一，促进了敦煌艺术的发展，榆林窟第 2 窟、3 窟、29 窟等都是新出现的艺术，并取得了较高的艺术水平，这些源自中原的新画风，给敦煌石窟带来了新的气息。元代是又一次从分裂走向统一的时代，对敦煌艺术来说也是吸收融会各地艺术的契机，尽管元代的洞窟很少，但其中表现出较高的艺术水平和较新的风格特征，为敦煌石窟艺术发展史画上了完满的句号。

后　记

　　对延续千年自成系统的敦煌石窟做一个完整的艺术史研究，是我到敦煌工作以来长期的愿望。2003 年在日本读完美术史专业的博士课程，这个愿望更加强烈。因此，回国后全力以赴开始敦煌石窟美术史的研究工作。但是，此项工作的艰巨性和复杂性都远远超乎最初的想象。已完成的第一阶段（十六国北朝）工作和正在进行的第二阶段（隋朝）研究都得到了国家社科基金的资助，但由于承担着本单位的不少事务，又缺乏相应的学术团队，使研究进展缓慢。在出版社工作的同窗好友骆军兄得知我的研究工作，建议先以简要的形式将敦煌石窟艺术史展现出来。考虑到对敦煌石窟美术史的全面研究仍需较长时间，先出一本简史，也是有意义的事。或许也可促进我今后的研究工作。虽说是简史，却因工作总是被打断，不知不觉竟过了两三年。这期间因学术交流或考察去了法国、印度等国。在巴黎吉美博物馆，徜徉于亚洲佛教美术作品之中，感受到敦煌艺术源流的脉络，在西印度的诸多石窟中，深刻地体会到佛教艺术的宏大体系。这些学术调查的收获，有时会形成或者强化自己对艺术的领悟与认识，说不清楚会体现在书中的某个地方。这一本"简史"可以说包含了自己对敦煌艺术的诸多新思考。

　　在本书付梓之时，首先要感谢敦煌研究院樊锦诗院长长期以来对我研究工作的支持，她还在百忙之中为本书写序，她对敦煌事业的献身精神以及对学术研究的严谨态度，一直是促使我坚持、鞭策我奋进的力量。

　　本书所用敦煌石窟壁画彩塑的图片均由敦煌研究院提供，版权为敦煌研究院所有。摄影者为敦煌研究院数字化研究所吴健、孙志军、宋利良等。本书所用平剖面图，采用敦煌研究院编《中国石窟·敦煌莫高窟》和《中国石窟·安西榆林窟》中所载图，绘图者为孙儒僩、郦伟堂，部分线描图采用了李其琼、谢成水、马玉华的线描作品。在此向以上诸先生、女士表示衷心的感谢！

2015 年 7 月

主要参考书目：

［日］松本荣一《敦煌画研究（图像篇）》，
东京：东方文化学院东京研究所，1937 年。

向达《唐代长安与西域文明》，
北京：三联书店，1957 年。

重庆市博物馆编《四川汉画像砖选集》，
北京：文物出版社，1957 年。

敦煌文物研究所编《中国石窟·敦煌莫高窟》（第 1-5 卷），
北京：文物出版社，1981-1987 年。

敦煌文物研究所编《敦煌莫高窟内容总录》，
北京：文物出版社，1982 年。本书于 1996 年修订再版，更名
为《敦煌石窟内容总录》。

《西域美术——不列颠博物馆藏敦煌艺术品》，
东京：讲谈社，1982 年。

［日］樋口隆康《バーミヤーン（京都大学中央アジア学術調
査報告）》第 1-3 卷，京都：同朋社 1983-1984 年。

［日］佐藤宗太郎《インド石窟寺院》，
东京：东京书籍，1985 年。

敦煌文物研究所编《敦煌莫高窟供养人题记》，
北京：文物出版社，1987 年。

陈高华编《隋唐画家史料》，
文物出版社，1987 年。

段文杰《敦煌石窟艺术论集》，
兰州：甘肃人民出版社，1988 年。本书于 1994 年增补再版，
更名为《段文杰敦煌艺术论文集》，2007 年修订再版，更名
为《敦煌石窟艺术研究》。

段文杰、樊锦诗主编《中国敦煌壁画全集》（共 11 册），
沈阳：辽宁美术出版社、天津：天津人民美术出版社，1989-
2006 年。

萧默《敦煌建筑研究》，
北京：文物出版社，1989 年。

陈传席《六朝画家史料》，
北京：文物出版社，1990 年。

段文杰主编《敦煌石窟艺术》（共 22 册），
南京：江苏美术出版社，1991-1997 年。

［法］伯希和著，耿昇、唐健宾译《伯希和敦煌石窟笔记》，
兰州：甘肃人民出版社，1993 年。

《西域美术——吉美博物馆藏敦煌艺术品》，
东京：讲谈社，1994、1995 年。

敦煌研究院编《1990年敦煌学国际研讨会文集》
（石窟艺术编），沈阳：辽宁美术出版社，1995年。

马德《敦煌莫高窟史研究》，
兰州：甘肃教育出版社，1996年。

敦煌研究院编《敦煌石窟全集》（全26卷），
香港：商务印书馆，1997-2005年。

敦煌研究院编《中国石窟 安西榆林窟》，
北京：文物出版社，1997年。

彭金章、王建军《莫高窟北区石窟》（第1-3卷），
北京：文物出版社，2000-2004年。

[日]中村元、久野健《佛教美术事典》，
东京：东京书籍，2002年。

史苇湘《敦煌历史与莫高窟艺术研究》，
兰州：甘肃教育出版社，2002年。

贺世哲《敦煌石窟论稿》，
兰州：甘肃教育出版社，2004年。

施萍亭《敦煌习学集》，
兰州：甘肃教育出版社，2004年。

赵声良《敦煌壁画风景研究》，
北京：中华书局，2005年。

贺世哲《敦煌图像研究——十六国北朝卷》，
兰州：甘肃教育出版社，2006年，

赵声良《敦煌艺术十讲》，
上海：上海古籍出版社，2007年。

[日]宫治昭著，李萍、张清涛译《涅槃和弥勒的图像学》，
北京：文物出版社，2009年。

林保尧《印度圣迹山奇大塔——门道篇》，
台湾：觉风佛教艺术文化基金会，2009年。

敦煌研究院编《敦煌吐蕃统治时期石窟与藏传佛教艺术研
究》，兰州：甘肃教育出版社，2012年。

王惠民《敦煌佛教与石窟营建》，
兰州：甘肃教育出版社，2013年。

赵声良《敦煌石窟艺术总论》，
兰州：甘肃教育出版社，2013年。

赵声良《敦煌石窟美术史（十六国北朝）》，
北京：高等教育出版社，2014年。

索 引

（以汉语拼音为序）

（京）新登字 083 号

图书在版编目（CIP）数据

敦煌石窟艺术简史 / 赵声良著 . – 北京：
中国青年出版社，2015.6
ISBN 978-7-5153-3398-4

Ⅰ . ①敦… Ⅱ. ①赵… Ⅲ. ①敦煌石窟 – 美术史 –
研究 Ⅳ. ① K879.214

中国版本图书馆 CIP 数据核字（2015）第 129809 号

责任编辑：骆　军

中国青年出版社出版 发行

社址：北京东四 12 条 21 号
邮政编码：100708
网址：www.cyp.com.cn
编辑部电话：（010）57350419
门市部电话：（010）57350370
北京顺诚彩色印刷有限公司
新华书店经销

开本：787×1092　1/16
印张：15.5
字数：150 千字
版次：2015 年 8 月北京第 1 版
版次：2017 年 10 月北京第 10 次印刷
印数：54001-60000 册
定价：58.00 元

本图书如有印装质量问题，
请凭购书发票与质检部联系调换
联系电话：（010）57350337